성경으로 풀어쓴 웨스트민스터 신앙고백서

성경이 꽃피운 고백

개혁신앙강해 6

성경이 꽃피운 고백

초판 1쇄   2019년 6월 21일
발 행 일   2019년 6월 29일
지 은 이   강현복 목사
이 메 일   k-calvin@hanmail.net

펴 낸 이   장문영
펴 낸 곳   도서출판 R&F
등   록   제 2011-03호(2011.02.18)
주   소   경북 경산시 하양읍 대학로 298길 20-9, 110동 2003호 (하양롯데아파트)
연 락 처   054-251-8760 / 010-4056-6328
디 자 인   김진희, 박경은, 이은지
I S B N   978-89-966360-8-3
가   격   12,500원

이 도서의 국립중앙도서관 출판예정도서목록(CIP)은 서지정보유통지원시스템 홈페이지와 국가자료종합목록시스템에서 이용하실 수 있습니다. (CIP제어번호 : CIP2019023969)

$\mathcal{R\&F}$ (Reformed and Faith)는 종교개혁의 유산을 이어받아 개혁신앙을 바탕으로 이 땅의 교회가 바르고 건강하게 세워져 가기를 소망합니다.

성경으로 풀어쓴
웨스트민스터 신앙고백서

성경이
꽃피운
고백

강현복 목사

RnF

목 차

화원에 앉아 꽃향기에 이끌려
시(詩) 한 편 읊조릴 그 날을 위해

SFC(학생신앙운동)는 내게 신앙고백이라는 생소한 언어를
남기고 떠나갔다. 웨스트민스터가 큰 예배당이라는 것은 고사
하고 대교리문답, 소교리문답이라는 단어는 맞선 보는 처녀와
총각보다 더 어색했다. 그 시절 나의 역사 지식은 일천했고 비
루하기까지 했다. 그러니 웨스트민스터 신앙고백의 역사적 배
경은 물론이거니와 고백서 자체의 의미를 아는 일은 더 요원
했다. 부산의 암남동 34번지 고려신학대학원에서의 신학 수
업 삼 년은 신앙고백서가 무엇인지를 조금 맛보는 기회였다.
특히 고려신학보(제19호)에 실린 신득일 목사(그 당시 신득일

교수는 화란 유학 중으로 소개되었다)의 "웨스트민스터 신앙고백 제34, 35장에 대한 평가"라는 글을 읽고 나는 충격에 빠졌다. 웨스트민스터 신앙고백서가 35장이 아니라 전통적으로 33장이며, 마지막 두 장은 고신 제25회 총회(1975년)에서 첨가했다는 내용은 고백서에 대한 혼란을 더욱 가속시켰다. 물론, 우리 고신교회는 1903년에 미국 북장로교회가 만든 마지막 두 장을 그대로 받은 것이기는 하지만 말이다.

신학대학원을 졸업하고 목회 현장에서 나는 한동안 신앙고백과는 먼 목회를 했다. 신앙고백을 무시하지는 않았지만 그렇다고 해서 신앙고백을 스스로 공부하고 가르치는 일을 하지는 않았다. 그러다 당시 같이 말씀을 나누던 동료 목사들과의 대화에서 신앙고백이 갖는 중요성과 그 의의를 깨우치기 시작했다. 실로 뒤늦은 출발이었다. 그렇게 웨스트민스터 신앙고백서는 내게 천천히, 조금씩 다가왔고 나는 그 고백 속으로 빠져들었다. 그렇게 20여 년이라는 시간이 흘렀다. 하지만 강산이 두 번 바뀔 만큼 지난 시간의 흐름이 고백서의 맛을 더 깊이 맛보게 하지는 못했다. 나는 여전히 우리의 신앙고백에 대해 무지하고 얄팍했다.

그런 중 월간고신 생명나무의 편집팀장으로부터 종교개혁 500주년을 기념하는 코너로 준비된 고백서 해설 한 부분을 요청받았다. 만 2년 동안 나는 웨스트민스터 신앙고백서를 다시 읽었고, 자료를 찾아 정리했으며, 역사를 다시 섭렵했다. 원고 마감일이 다가오면 나는 극도의 긴장에 사로잡혔고 어찌 되었든지 마감일을 넘기지 말아야 한다는 일념으로 글을 썼다. 나는 성경이 교리이며, 성경에 근거하지 않은 교리는 없다는 진리를 깨우쳤다. 웨스트민스터 신앙고백서를 작성한 선조들을 존경하지 않을 수 없었다. 나는 이제 소망한다. 성경이라는 화원에 앉아 그 꽃향기에 이끌려 고백이라는 시(詩) 한 편 읊조릴 그 날을.

나는 다섯 코너 중 성경 본문이 어떻게 고백서의 한 문장으로 정리되었는지를 집중적으로 살피는 책임을 맡았다. 덕분에 성경 본문이 곧 고백, 그리고 곧 교리임을 확신하게 되었다. 그러나 나의 본문해석은 일천하고 때로는 너무 얕아 한없이 가벼웠다. 책으로 내어놓으려니 부끄럽고 난감하다. 독자들의 넓은 아량을 기대한다.

이 글이 완성되는데 월간고신 생명나무의 박진필 부장의 노고가 깊음을 알기에, 그에게 감사를 드린다. 나의 목회 현장인 샘터교회 성도들은 목사가 글을 쓴다고 서재에 앉아 자신들을 마음껏 만나 주지 못하는 나를 용납해 주었다. 우리 성도들의 더없는 배려에 감사드린다. 사랑하는 아내 최애리는 글과 씨름하는 나를 늘 격려해 주었고, 애정 어린 내조를 아끼지 않음에 나의 짧은 표현력을 한탄한다. 샘터교회 출판위원들의 수고를 언급하지 않을 수 없다. 위원장인 이미향 성도, 위원인 송창익, 이주원, 김영훈, 김진희, 박경은, 이은지 성도에게는 항상 빚진 마음으로 살아간다. 마지막으로 남국의 어느 나라에서 나보다 먼저 하나님의 부름을 받은 사촌 동생 '대중'으로 인해 슬픔 중에 있는 작은 집 가족들에게 이 책을 바친다.

2019년 6월 어느 늦은 밤과 이른 새벽 사이에

저자 강현복

웨스트민스터 신앙고백서는 잉글랜드 교회와 성도들의 희
생과 기도로 맺어진 열매입니다. 이들은 대륙의 개혁교회로부
터 신앙을 전수 받았고, 개혁신학과 신앙의 깊은 맛을 자신의
국가에 뿌리내리고 싶어 했습니다. 웨스트민스터 신앙고백서
작성에는 스코틀랜드 교회의 헌신이 있었습니다. 이는 잉글랜
드 지역의 교회가 한 믿음 안에 있는 주의 백성으로 누리는 은
혜였습니다. 하지만 이 고백서는 잉글랜드에 정착하지 못했고
먼 유랑의 삶을 살았습니다. 스코틀랜드 교회는 이 고백서를
건강한 청년으로 양육했고, 이를 통해 전 세계 교회에 활력을

불어넣었습니다. 고백서는 고향을 떠났지만, 고향에서보다 더 극진한 대접을 받았습니다. 우리 고신교회는 이 고백서를 미국에 있는 교회들을 통해 받았습니다. 이 고백서를 따라 세워진 교회가 한국의 교회들 가운데 뿌리내리기를 소망합니다.

웨스트민스터 신앙고백서 작성의 배경[1]

일찍이 복음을 받은 브리튼 섬나라는 정복왕 윌리엄 이후부터 왕의 동의 없이 로마의 교황에게 상소하는 것을 허락지 않았습니다. 흔히 대헌장(Magna Carta, 1215년)으로 알려진 존 왕 때에는 상, 하원이 힘을 발휘하여 왕도 법을 지켜야 함을 선언했습니다. 백년 전쟁(1337~1453)으로 힘을 소진한 잉글랜드는 북쪽의 스코틀랜드와 남쪽의 웨일즈에 관심을 집중하면서 힘을 축적하려고 했습니다.

헨리 8세는 왕비 케서린과의 이혼을 허락지 않는 교황 클레멘트 7세의 권위로부터 자유를 선언합니다. 1533년과 1534년에 제정된 교황상소제한법과 수장법이 그것입니다. 헨리 왕이 지배하기 약 200년 전부터 잉글랜드에는 말씀 운동의 싹이 돋았습니다. 옥스퍼드 대학의 위클리프(John Wycliffe, 1328~1384)는 영어로 성경을 번역했고, 헨리 왕이 재위 시

---

1) 이에 대해서는 다음 책을 주로 참고하여 요약하였습니다. Robert Letham, 권태경, 채천석 역, 「웨스트민스터 총회의 역사」(서울: P&R korea, 2014), 유해무, 「유 교수의 우리 신조 수업」(서울: 도서출판 담북, 2019).

윌리엄 틴데일(William Tyndale, 1494~1536)은 신약 성경을 번역하여 루터의 개혁신학이 잉글랜드로 들어올 수 있는 토대를 만들었습니다.

로마 교황청으로부터 자유를 선언한 헨리 8세는 토마스 크랜머(Thomas Cranmer, 1489~1556)를 통하여 로마 가톨릭에서 개혁주의 신학으로 이동을 시작했습니다. 물론 이 시기에 많은 이들이 잉글랜드 교회를 도왔습니다. 1552년 크랜머는 40개 조항의 고백서를 작성했고, 후에 39개 조항의 고백서가 됩니다.

헨리 8세 이후 에드워드 6세, 피의 메리, 엘리자베스 1세를 거치면서 대륙의 종교개혁 사상을 정착시키려는 이들과 로마 가톨릭의 신학으로 돌아가려는 이들, 그리고 왕이 원하는 잉글랜드식의 신학을 정착시키려는 세력 간에 치열한 다툼과 논쟁이 일어납니다. 개혁신학을 가진 청교도들은 이러한 시기를 지나면서 때로는 핍박으로, 때로는 도망자로 살았습니다. 엘리자베스 1세 여왕의 때에는 최초의 장로회(노회)가 조직되기도 했고(1572년), 그 영향으로 장로회가 급속도로 확산되었습니다. 하지만 엘리자베스는 장로회를 인정하지 않았습니다.

헨리 8세에서 엘리자베스 1세 시대가 되면, 잉글랜드의 의회는 상당한 변화를 경험합니다. 특히 하원 의원들은 대부분 도시의 상공업자들로 채워지고 그들은 대개 청교도들이었습니다. 이는 많은 백성들이 청교도 신앙을 소유했다는 뜻입니다.

엘리자베스 이후 제임스 1세와 찰스 1세의 즉위를 거치면서 잉글랜드는 왕이 추구하는 것과 의회가 추구하는 것에 상당한 차이를 드러냅니다. 곧 왕은 교회를 자신의 권위 아래 두려는 성공회를 강화하고자 하고, 의회는 개혁신학의 원리를 따르는 장로교회를 열망합니다. 필연적으로 왕과 의회가 충돌하게 됩니다. 심지어 제임스 1세는 "오락법"(Book of Sports, 1618)을 선포하여 주일 오후에 오락을 즐기라고 했습니다.

제임스 1세는 왕의 권위를 약화시키려는 모든 이들을 청교도로 규정하고 핍박을 강화했습니다. 그러자 수많은 사람들이 피난길을 선택했습니다. 뒤를 이은 찰스 1세는 더 심했습니다. 그는 약 10년 동안 의회를 소집하지 않았습니다. 청교도들이 원한 교회개혁과 삶은 요원하였습니다. 찰스는 스코틀랜드에도 자신이 원하는 교회를 세우려 했습니다. 그리하여 장로의 치리를 반대하여 감독제를 요구했습니다. 스코틀랜드 귀족들은 장로교회 목사들과 연합하여 "국민언약"(The National Covenant, 1581년)을 체결합니다. 이후 갈등이 깊어지자 급기야 찰스는 스코틀랜드를 침공합니다. 그러나 전쟁은 실패로 끝납니다.

찰스 왕과 스코틀랜드 및 잉글랜드의 의회와의 긴장 속에 1640년 스코틀랜드 군대가 잉글랜드 북부를 점령하고 장로정치를 주장하면서 주둔 비용을 요구했습니다. 의회가 소집되었고, 의회는 이를 기회로 삼아 교회개혁과 교회 회의의 소집을 요구합니다. 의회의 끈질긴 요구에도 찰스 1세는 거절했습니다. 더 이상 기다릴 수 없었던 의회는 왕의 허락 없이 1643년 6월 12일, 웨스트민스터회의 소집 법령을 통과시켰습니다. 그리고 그해 7월 1일, 웨스트민스터 회의가 웨스트민스터 수도원에서 개회하였습니다.

1643년 7월에 시작된 회의는 1649년 2월에 마쳤습니다. 그러나 목회자 자질 점검 문제로 회의는 길어졌고 최종 종결은 1652년 3월이었습니다. 대개 1649년 2월을 회의의 종결로 보며, 5년 6개월의 긴 기간이었습니다. 39개항의 고백서에 대한 논쟁과 수정, 교회정치, 예배, 신앙고백 작성으로 진행되었습니다. 오전에는 주로 전체 회의를 하였고, 오후에는 세 개의 상임위원회로 나누어 진행되었습니다.

고신교회, 웨스트민스터 신앙고백 그리고 본서에 대한 짧은 안내

33장으로 구성된 웨스트민스터 신앙고백서는 이후 미국 북장로교회에서 1903년에 34, 35장을 추가하였습니다. 우리 고신교회는 처음 작성된 고백서(17세기)를 1972년(제22회 총회)에 우리의 고백으로 받아들였습니다. 그러다가 1975년(제25회 총회), 미국 북 장로교회가 받아들인 그 고백서를 받아들였

습니다.[2]

필자는 고신언론사의 '월간고신 생명나무'가 주관한 '종교개혁 500주년 기념 특집'의 필진으로 초대되었습니다. 월간고신 생명나무에서는 우리 고백서를 24회에 걸쳐 해설하기로 하고, 다섯 꼭지로 나누어 필진을 구성했습니다. 다섯 꼭지는 고백서 자체의 해설, 고백서와 관련된 이단 사상 반박, 고백서가 도출된 성경본문 해설, 청소년들을 위한 교리 해설, 교리의 실천입니다.

필자는 이 다섯 꼭지 중 성경본문 해설을 담당했습니다. 그래서 고백서가 성경본문의 어떤 가르침에 근거하여 작성되었는지를 제시하고 해설하는 부분을 맡았습니다. 제한된 지면에 그 심오한 고백서를 담아내는 것은 애초에 불가능했습니다. 결국 성경본문을 주해하고, 그 주해에 근거하여 우리 고백서의 한 문장이나 한 내용을 제시하는 방법을 선택하였습니다. 2016년 3월부터 만 2년 동안 진행된 특집은 저에게 때때로 큰 부담이었지만 신선한 경험과 즐거움이었습니다. 독자들에게도 조금이나마 유익이 되길 소망합니다.

---

2) 이 부분에 대한 더 자세한 논의는 다음 자료를 참고하십시오. 신득일, "웨스트민스터 신앙고백 제 34, 35장에 대한 평가", 「고려신학보 제19집」(부산: 고려신학대학원, 1990), 65~83.

일러두기

1. 이 책에서 인용한 한글 성경 말씀은 대한성서공회에서 발행한 '개역개정판'(2005년)을 사용하였습니다.
2. 이 책에서 인용한 웨스트민스터 신앙고백서는 '고신헌법'(2018년)의 내용을 사용하였습니다.
3. 각 장 마지막에 내용 이해를 돕기 위한 '함께 생각할 문제'를 수록하였습니다.
4. 각 장의 성경본문이 해당 장에서 인용될 경우 절만 표기하여 다른 성경구절과 구분하였습니다.

1

길 잃은 영혼들에게 열려진 성경

누가복음 24:13~35 | 고백서 1장 성경

1장 성경

1.1 본성의 빛, 그리고 창조와 섭리의 사역은 하나님의 선하심과 지혜와 능력을 너무나 분명하게 드러내기 때문에 사람에게 변명의 여지를 주지 않지만, 이것들이 구원 얻기에 필요한 지식, 곧 하나님과 그분의 뜻에 대한 지식을 충분히 베풀지는 않는다. 그래서 주님께서는 기꺼이 여러 부분과 여러 모양으로 자기 자신을 계시하시고 교회를 향한 자기의 뜻을 선포하셨다. 그리고 그 후에는 진리를 보다 더 잘 보존하고 보급하며, 육신의 부패와 사탄과 세상의 악의를 대항하여 교회를 보다 확실하게 세우고 위로하실 목적으로 그 동일한 내용을 전부 기록하게 하셨다. 이는 성경을 절대적으로 필요하게 만든다. 하나님께서 자기 백성에게 자기 뜻을 계시하시는 이전 방식은 이제 중단되었다.

1.2 성경 또는 기록된 하나님의 말씀에는 구약과 신약의 모든 책들이 들어 있으니, 다음과 같다.
구약: 창세기, 출애굽기, 레위기, 민수기, 신명기, 여호수아, 사사기, 룻기, 사무엘상, 사무엘하, 열왕기상, 열왕기하, 역대상, 역대하, 에스라, 느헤미야, 에스더, 욥기, 시편, 잠언, 전도서, 아가, 이사야, 예레미야, 예레미야애가, 에스겔, 다니엘, 호세아, 요엘, 아모스, 오바댜, 요나, 미가, 나훔, 하박국, 스바냐, 학개, 스가랴, 말라기.
신약: 마태복음, 마가복음, 누가복음, 요한복음, 사도행전, 로마서,

고린도전서, 고린도후서, 갈라디아서, 에베소서, 빌립보서, 골로새
서, 데살로니가전서, 데살로니가후서, 디모데전서, 디모데후서, 디
도서, 빌레몬서, 히브리서, 야고보서, 베드로전서, 베드로후서, 요
한1서, 요한2서, 요한3서, 유다서, 요한계시록.
하나님께서는 이 모든 책을 영감하시고 믿음과 생활의 법칙이 되게
하셨다.

1.9 성경을 해석하는 정확무오한 법칙은 성경 자체이다. 그러므로 어떤
성경 구절의 참되고 완전한 의미(여럿이 아니고 하나이다)에 대하여
의문이 있다면, 보다 분명하게 말하는 다른 구절을 가지고 살피고
깨달아야 한다.

1.10 종교의 모든 논쟁들을 결정하고, 교회회의의 모든 결의, 고대 저자
들의 견해, 사람의 교리와 사사로운 영들을 분별하고 우리가 그 판
결을 승복할 수밖에 없는 최고의 심판자는 성경에서 말씀하시는 성
령뿐이시다.

1 길 잃은 영혼들에게 열려진 성경
누가복음 24:13~35 | 고백서 1장 성경

숨 가쁜 삼 일

긴박하고 격정적인 삼 일이 지났습니다. 삼 년 동안 예수님을 열렬히 따르던 유다의 달콤한 입맞춤은 죽음의 악취를 몰고 왔습니다. 검과 몽치로 예수님을 사로잡으러 온 자를 향하여 검을 휘두르던 베드로의 용기도 닥친 위기를 막지 못했습니다. 예수님께서는 잡히셨고 대제사장의 집으로 호송되었습니다. 대제사장의 집 뜰에 피운 모닥불 앞에서 베드로는 결국 세 번이나 주님과의 관계를 부인했습니다. 후회와 통한의 눈물을 흘렸지만 대세는 이미 기울었습니다.

원수였던 헤롯과 빌라도는 예수님을 십자가에 못 박는 일에는 친구가 되었습니다. 대제사장과 서기관들의 고소는 집요했고, 군중들은 민란과 살인죄로 옥에 갇힌 바라바를 놓고 예수님을 십자가에 못 박으라고 악다구니를 퍼부었습니다. 정오부터 세 시간 동안 드리운 어두움은 제자들의 마음을 대변하는 듯 했습니다. 간간이 들리는 여자들의 울음소리는 스승을 조롱하는 소리와 야유 소리에 묻혔습니다. 십자가에 달린 스승의 일곱 마디 절규는 가슴을 후비는 칼날처럼 다가왔습니다. 그 시간, 땅은 진동했고 맞은편 도성의 성전 휘장은 찢어져 보좌로 들어가는 길이 열렸습니다(히 10:20).

낙망하여 엠마오로 가는 두 사람

여느 안식일과 똑같은 안식일이 제자들에게도 찾아왔습니다. 전날의 충격과 공포는 시간이 지날수록 절망으로 바뀌었습니다. 어떻게 안식일을 보냈는지 알 수 없는 혼돈의 시간이 지나고 오늘 아침, 몇몇 사람들에게 희한한 소식이 전해졌습니다. 예수님의 시체가 사라졌다는 소식입니다. 더욱 믿을 수 없는 일은 예수님께서 살아나셨다는 여자들의 주장이었습니다. 베드로와 요한이 예수님의 무덤까지 한걸음에 달려갔다 왔습니다. 직접 빈 무덤과 세마포를 본 베드로도 확신이 없는지 기이히 여겼습니다(눅 24:12).

글로바와 다른 한 제자가 이 모든 일을 목격하고 생기 잃은 모습으로 엠마오행 길에 올랐습니다. 그들 역시 주님의 부활을 믿지 못했습니다. 예루살렘에서 엠마오는 약 10km로 힘들지 않은 거리였습니다. 하지만 두 사람의 발걸음은 결코 가볍지 않았습니다. 지난 삼 일 동안에 일어난 일을 나누어 보지만 무엇 하나 이해되는 게 없습니다. 무엇이 어떻게 되어 가는지 도무지 알지 못했습니다. 그들은 찢어진 휘장 사이의 길이 아니라 엠마오로 갔습니다.

예수님과의 조우(遭遇)

낙망하여 엠마오로 가는 두 제자에게 예수님께서 다가오셨습니다. 두 제자는 주님을 알아보지 못했습니다. 성경은 이를 "그들의 눈이 가리어져서"라고 표현했습니다. 예수님께서는 두 제자에게 주고받는 이야기가 무엇인지 물으셨고, 글로바는 예루살렘에 거하면서 어떻게 근일에 일어난 일을 모르느냐면서 의아해했습니다. 그리고 지난 삼 일 동안 일어난 믿을 수 없는 일들을 간략히 알려주었습니다.

글로바의 설명에는 희망과 절망이 섞여있었습니다. 두 제자는 나사렛 예수를 선지자로 이해했습니다. 뿐만 아니라 예수님을 통하여 이스라엘의 구속을 희망했습니다. 그러나 그 예수님을 대제사장들과 관원들이 사형 판결에 넘겨주어 십자가에서 죽게 했다고 말했습니다. 더욱이 오늘 새벽, 가까운 사이의 몇 여자들이 예수님의 부활을 알렸고, 우리와 함께 한 사람 중 두어 사람이 무덤까지 달려갔지만 예수님은 보지 못했다고 했습니다.

그 이야기까지 들으신 예수님께서는 두 제자를 책망하셨습니다. 그들을 향해 미련하고 선지자들이 말한 모든 것을 마음에 더디 믿는 자들이라 하셨습니다. 그리스도가 이런 고난을 받아야 하고 그리고 영광에 들어갈 것이 마땅하다고 하셨습니다(25~26절). 예수님께서는 성경에 기록된 자기에 대한 내용들을 자세히 설명하셨습니다. 목적지에 가까워지자 제자들은 예수님께 함께 더 머물기를 청했습니다. 그들의 청을 들으신 예수님께서는 떡을 가지시고 축사하신 후에 나누어 주셨습니다. 그러자 두 제자의 눈이 밝아졌습니다. 이제 모든 것이 명료해졌습니다. 낙망하여 엠마오로 가던 제자들은 다시 예루살렘으로 돌아가 다른 제자들에게 그들이 경험한 놀라운 일들을 전해주었습니다. 두 사람은 찢어진 휘장 사이, 보좌로 열려진 길을 발견했습니다.

열려진 성경

엠마오 도상의 두 제자는 예수님께서 십자가형을 받기 전 그분을 선지자로 알았습니다. 예수님께서 이스라엘을 구속하실 것도 바랐습니다. 하지만 지금 그들은 이 바람에 자신이 없습니다. 21절의 "바랐노라"는 말씀은 과거의 어떤 시기부터 소망을 품고 있었는데 현재까지 그 소망이 이어지는지 알 수 없는 헬라어 표현방식입니다.

두 사람은 주님의 부활에 대한 소식도 들었습니다. 그러나 그들은 확신이 없었습니다. 예수님께서는 믿음 없는 두 사람을 꾸짖으시며 성경을 풀어 상세히 설명하셨습니다. "모세와 및 모든 선지자의 글"로 시작하여 "모든 성경"을 해설하셨습니다(27절). 얼마 뒤, 그들은 이를 "우리에게 성경을 풀어 주실 때"라고 고백했습니다(32절).

예수님께서는 다른 제자들을 만나셨을 때에도 성경을 풀어 설명하셨습니다. 누가복음 24:44에서 "모세의 율법과 선지자의 글과 시편"이라 했습니다. 이는 구약성경입니다. 예수님께서는 제자들의 마음을 열어 주신 것처럼 성경도 열어 주셨습니다(눅 24:45). 이는 예수님께서 계셨던 당시에 이미 통일된 성경이 있음을 알려줍니다. 교회는 66권을 성경으로 받았습니다. 그 외에 다른 성경은 없습니다(신앙고백서 1:2).

성경의 핵심 주제는 예수님입니다. 예수님께서는 사도들에게 성경에서 영생을 얻는 줄 생각하고 성경을 상고하라고 하셨고, 이 성경이 내게 대하여 증언하는 것이라 하셨습니다(요 5:39). 여자의 후손이 뱀의 머리를 상하게 할 것이라는 말씀이나 사람들이 주님을 비방하며 조롱 할 것이라는 말씀은 모두 예수님의 고난에 대한 가르침입니다(창 3:15; 시 22:6~8; 사 53장 등). 하나님께서는 옛적에 선지자들로 오랜 시간과 여러 가지 방식으로 말씀하신 영생의 비밀을 마지막으로 아들이신 예수님을 통하여 온전히 드러내셨습니다(히 1:1~2). 예수님을 통하여 드러난 영생의 비밀이 성경에 기록되게 하셨습니다(딤후 3:15~17). 그러므로 성경은 구원 얻기에 필요한 모든 지식을 담고 있습니다(신앙고백서 1:1). 이 성경은 교회를 튼튼히 세우며, 성도들에게는 믿음과 생활의 법칙입니다(신앙고백서 1:2).

마음을 뜨겁게 하는 성령님의 역사

글로바와 다른 제자는 성경을 풀어 설명하시는 예수님의 말씀을 들을 때에 마음이 뜨거웠습니다(32절). 장차 성령님께서 행하실 사역을 예수님께서 미리 보여주셨습니다. 또한 사도들에게도 "내 아버지께서 약속하신 것을 너희에게 보내리니 너희는 위로부터 능력으로 입혀질 때까지 이 성에 머물라"하셨습니다(눅 24:49). 이는 오순절에 임하실 성령님에 대한 약속입니다. 성령님께서는 아버지와 아들로부터 나오시며 예수님을 증언하십니다(요 15:26). 그 성령님께서는 성경을 통하여 역사하십니다. 그래서 사도 베드로는 성경이 성령님의 감동을 받은 사람들이 하나님께 받아 말한 것이라 했습니다(벧후 1:20~21).

이렇듯 성령님께서는 택하신 백성들이 성경을 하나님의 말씀으로 받게 하시며, 성경을 통하여 구원에 이르는 지혜를 얻게 하십니다. 뿐만 아니라 성령님께서는 교회 역사에서 일어난 모든 종교적 논쟁과 교회회의의 결의에 대한 최고의 심판자이십니다(신앙고백서 1:10).

성경과 밝아진 눈

두 제자는 길 위에서 만난 예수님을 알아보지 못했습니다. 성경은 그 이유를 "그들의 눈이 가리어져서"라고 했습니다. 부활하신 예수님의 몸을 사람들이 알아볼 수 없는 모습이었다고 설명하기보다 그 원인이 제자들에게 있다고 말씀하셨습니다. 예수님으로부터 성경 말씀을 자세히 배우고, 주시는 떡을 먹자 두 제자의 눈은 밝아졌습니다. 그러므로 눈이 가리어졌다는 말씀은 안질이 나빠졌다는 뜻이 아닙니다.

눈이 어두워지고 가리어졌다는 표현은 구약에도 나타납니다. 에덴의 동산에서 사단은 여자에게 선악을 알게 하는 나무 열매를 먹으라고 유혹합니다. 그 열매를 먹으면 "눈이 밝아져 하나님과 같이 되어"고 했습니다(창 3:5). 그러나 하나님의 말씀에 순종하지 않은 첫 사람은 오히려 눈이 가리어졌고 어두워졌습니다.

모압 평지에서 출애굽 2세대들과 언약을 맺으신 하나님께서는 그들이 언약에 충성할 것을 요구하셨습니다. 만약 이스라엘 백성들이 언약에 충성하지 않으면 큰 저주가 있으리라고 하셨습니다. 그 저주 중 하나가 바로 '눈멂', 곧 '소경이 어두운 데에서 더듬는 것과 같이' 됩니다(신 28:28~29).

하나님의 말씀에 믿음으로 화답하지 않는 백성들에게는 항상 이러한 저주가 임합니다. 선지자 이사야는 이 사실을 아주 강한 어조로 선포할 사명을 받았습니다. "여호와께서 이르시되 가서 이 백성에게 이르기를 너희가 듣기는 들어도 깨닫지 못할 것이요 보기는 보아도 알지 못하리라 하여 이 백성의 마음을 둔하게 하며 그들의 귀가 막히고 그들의 눈이 감기게 하라 염려하건대 그들이 눈으로 보고 귀로 듣고 마음으로 깨닫고 다시 돌아와 고침을 받을까 하노라 하시기로"(사 6:9~10).

예수님께서는 천국의 비밀을 제자들에게 알려주시면서 위의 이사야 말씀을 인용하셨습니다(마 13:14~16). 제자들은 이 비밀을 봄으로 복된 자들이 되었습니다. 그러나 예수님께서 십자가 위에서 죽으시자 그들의 눈이 가려졌습니다. 그들은 하나님의 말씀에 믿음으로 화답하지 못했습니다. 엠마오 도상의 두 제자의 눈이 가려진 것은 그들의 믿음 없음의 표입니다.

이처럼 명확하지 않은 본문의 의미는 더 분명한 다른 말씀으로 해석해야 합니다(신앙고백서 1:9). 우리는 여기에서 성경해석의 대원칙을 배웁니다. 성경은 성경으로 해석해야 합니다.

안식과 지혜의 말씀

성경은 영생의 길을 활짝 열어놓았습니다. 세상의 모든 지식과 이론을 파하는 하늘의 지혜를 담은 보석상자입니다. 이 보석을 사랑하며 누리는 성도들이 됩시다.

1. 예수님께서는 엠마오로 내려가는 두 제자를 왜 책망하셨습니까?
   그 책망을 생각했을 때 우리는 예수님을 어떻게 믿어야 할까요?

2. 성경의 핵심 주제는 무엇이며, 그것을 설명하는 구절들은 무엇
   입니까?

3. 성령님에 대한 약속과 그분의 사역을 설명해봅시다.

4. 엠마오로 가는 두 제자의 눈이 가리어진 이유가 무엇입니까?
   이로부터 우리는 무엇을 깨닫습니까?

2

강복선언과 삼위 하나님

고린도후서 13:13 | 고백서 2장 삼위일체 하나님

고백서

2장 삼위일체 하나님

2.1 살아계시고 참되신 하나님은 한 분만 계신다. 이 하나님께서는 존재와 완전하심이 무한하시고, 지극히 순수한 영이시며, 보이지 않으시고, 몸이나 지체가 없으시며, 정욕도 없으시고, 불변하시며, 광대하시며, 영원하시고, 불가해하시며, 전능하시고, 지극히 지혜로우시며, 지극히 거룩하시고, 지극히 자유로우시며, 지극히 절대적인 분이시다. 자기의 영광을 위하여 스스로 가지신 불변하시고 지극히 의로우신 뜻의 협의들을 따라 모든 일을 행하신다. 지극히 사랑이 많으시며, 은혜로우시고, 자비로우시며, 오래 참으시고, 선과 진리가 풍성하시고, 악과 허물과 죄를 용서하신다. 자기를 열심히 구하는 자들에게 상급을 주시는 분이시다. 그럼에도 심판에서 지극히 공의롭고 두려우신 분이시며, 모든 죄를 미워하고 범죄자를 결코 간과하지 않으신다.

2.3 신격의 일체로 한 실체와 능력과 영원의 삼위가 계시니, 곧 성부 하나님, 성자 하나님, 성령 하나님이시다. 성부께서는 태어나지도 않고 나오지도 않으시며, 성자께서는 성부로부터 영원토록 태어나시고, 성령께서는 성부와 성자로부터 영원토록 나오신다.

2 강복선언과 삼위 하나님
고린도후서 13:13 | 고백서 2장 삼위일체 하나님

외면당하는 강복선언

목사님께서 양손을 높이 들고 "주 예수 그리스도의 은혜와 하나님의 사랑과 성령의 교통하심이 너희 무리와 함께 있을지어다"(13절)라고 하십니다. 모두가 감았던 눈을 번쩍 뜹니다. 무엇이 그리 바쁜지 몇몇 성도들은 부리나케 예배당 문을 나섭니다. 목사님, 장로님, 이웃에 사는 김 집사와 인사 나눌 생각은 엄두도 내지 못합니다. 우리네 예배의 마지막 풍경 중 익숙한 한 장면입니다.

흔히 축도로 불리는 이 선포는 어떤 의미를 담고 있을까요?

대개의 경우 축도는 예배의 끝을 알리는 목사님의 마지막 대표기도 정도로 인식됩니다. 만약 축도가 기도라면, 어째서 "예수님의 이름으로 기도합니다."라는 말로 끝나지 않을까요? 이는 축도가 기도가 아니기 때문입니다. 그래서 우리는 축도라고 부르기보다 강복선언이라 합니다. 하나님께서 자기 백성들에게 복을 내리시는 것을 강복이라 합니다.

예수님을 통해 알 수 있는 삼위 하나님

강복선언은 예수님을 먼저 언급합니다. '주 예수 그리스도의 은혜와' 이는 예수님을 통하여 성부와 성령 하나님께서 풍성히 알려지셨기 때문입니다. 예수님을 통하지 않고는 하나님을 아버지라 부를 수 없습니다. 마태복음 11:27의 말씀처럼, 아들(예수님)과 또 아들의 소원대로 계시를 받는 자 외에는 아버지를 아는 자가 없습니다. 예수님을 알았다면 아버지인 하나님도 압니다(요 8:19). 그래서 예수님께서는 자신이 길이요 진리요 생명이라 하셨습니다(요 14:6).

예수님을 통하여 성부 하나님을 아는 것처럼 성령님도 그러합니다. 예수님께서는 자신이 승천한 후에 아버지께로서 나오시는 보혜사 성령님을 보내시겠다고 하셨습니다(요 15:26). 우리 고백서는 성령님께서 성부와 성자로부터 영원토록 나오신다고 했습니다(신앙고백서 2:3). 이 성령 하나님께서는 예수님을 증거하십니다. 그래서 성령님을 때때로 예수의 영, 혹은 그리스도의 영이라 합니다(행 16:7; 롬 8:9).

강복선언이 예수님을 먼저 언급하는 이유는 그분 안에서 성부 하나님과 우리의 관계가 형성되고, 동시에 그분의 사역이 갖는 의미가 성령 하나님을 통하여 확증되기 때문입니다. 성령 하나님께서는 우리로 하여금 예수님을 구원자로 고백하게 하시며, 우리의 구원자로 고백된 성자 예수님 때문에 하나님을 아버지와 창조주로 믿게 하셨습니다. 그럼에도 불구하고 우리는 각각의 하나님이 아니라 한 분 하나님을 믿습니다(고전 8:4~6; 신앙고백서 2:1). 이제 강복선언에 담긴 삼위 하나님의 사역을 생각해 봅시다.

성자 예수님의 은혜

강복선언은 '주 예수 그리스도의 은혜와'로 시작합니다. 이 사실이 어떻게 우리에게 복이 됩니까? 예수님의 오심과 사역을 살핌으로 가능합니다. 예수님께서는 하나님이십니다(요 1:1). 하나님께서 친히 육신이 되어 우리 가운데 거하셨습니다(요 1:14). 여기 '거하신다'라는 말씀은 장막을 치셨다는 뜻입니다. 곧 구약의 성전이 우리 가운데 계신다는 의미입니다. 예수님의 오심을 새로운 성전의 오심으로 말씀하셨습니다(요 2:19~21 참고).

예수님께서는 무엇 때문에 새로운 성전으로 오셨습니까? 성전의 가장 핵심적인 기능은 속죄입니다. 어떤 죄인이라도 정해진 절차에 따라 짐승을 죽여 피를 뿌리고 이를 하나님께 드리면 죄 사함의 은혜를 얻습니다. 예수님께서 새로운 성전이시라는 말씀은 바로 이 죄 사함이 예수님을 통하여 그리고 예수님 안에서 이루어진다는 의미입니다. 성전에서 짐승의 피를 뿌림이 아니라 예수님께서 십자가 위에서 죽으심으로 자기 백성들의 죄를 사하셨습니다. 예수님께서도 스스로 자기 목숨을 많은 사람의 대속물로 주러 오셨다고 하셨습니다(막 10:45).

십자가는 하나님의 저주의 표입니다(신 21:23). 그러나 그 저주는 우리를 위한 저주입니다(갈 3:13). 이 십자가는 유대인에게 거리끼는 것이요 이방인에게는 미련한 것이지만 우리에게는 하나님의 지혜입니다(고전 1:23~24).

십자가에서 죽으신 예수님께서는 죽음에 머물지 않으시고 부활하셨습니다(마 28:6). 예수님께서 부활의 첫 열매가 되심으로 그분의 모든 백성들도 부활합니다(고전 15:20~22). 이로써 예수님께서는 사단의 권세인 죽음을 정복하셨습니다. 부활하신 주님께서는 하나님의 보좌 우편에 계십니다(히 12:2).

이 모든 것이 예수님께서 자기 백성에게 베푸신 은혜입니다. 그런데 이 은혜는 강복선언에 등장하는 예수님에 대한 호칭들 속에 모두 들어있습니다. '예수'라는 호칭은 자기 백성을 저희 죄에서 구원할 자라는 뜻입니다(마 1:21). '주'라는 호칭은 구약의 여호와와 같습니다. 이는 예수님의 왕권에 대한 고백입니다. 예수님께서 우리의 왕이시라는 말씀입니다(마 2:2, 27:11; 행 2:36). '그리스도'라는 호칭은 그분이 친히 왕, 제사장, 선지자가 되셨음을 선언합니다. 그분이야말로 기름 부음을 받은 자이십니다(행 4:27).

성부 하나님의 사랑

강복선언의 두 번째 부분은 '하나님의 사랑'입니다. 성부 하나님의 사랑은 성자 예수님과의 관계를 통하여 더욱더 풍성해집니다. 만물이 창조되기 전, 삼위 하나님께서는 서로 사랑하는 관계이셨습니다. "아버지께서 창세 전부터 나를 사랑하시므로"(요 17:24).

예수님께서는 하나님을 '사랑하시는 아버지'로 알려주셨습니다. 하나님께서는 창조 전부터 아들을 사랑하는 아버지이셨습니다. 혹시라도 예수님께서 아들이시기 때문에 세상에 계시지 않은 적이 있다고 생각해서는 안 됩니다. 고백서는 이를 아주 명료하고 간략하게 정리하여, "성자께서는 성부로부터 영원토록 태어나시고"라고 했습니다(신앙고백서 2:3).

만물이 창조되기 전부터 하나님께서는 아버지셨습니다. 우리가 하나님을 아버지로 부를수록 우리는 아버지의 사랑을 깨닫고 누리며 그 관계의 즐거움은 더욱 증가합니다. 성부 하나님께서 어떻게 우리의 아버지가 되십니까? 하나님께서는 사람을 아들처럼 창조하셨습니다. 하나님께서는 사람을 삼위 하나님의 형상대로 만들었습니다. 형상이라는 말은 일종의 모조품이라는 의미입니다. 이 말은 마치 아들이 아버지를 꼭 빼닮았다는 말과 같은 뜻입니다. 그래서 성경은 아담이 셋을 낳은 일을 말할 때에 "자기의 모양 곧 자기의 형상과 같은 아들을 낳아"라고 했습니다(창 5:3).

아들처럼 창조된 사람은 하나님을 사랑하고 그 사랑의 즐거움을 누리며 살아야 했습니다. 그러나 사람은 그 사랑에 침을 뱉고 조롱하며 이혼을 통보했습니다. 첫 사람은 하나님을 사랑하는 대신 자기를 사랑했습니다. 삼위 간에 지속되는 그 긴밀한 사랑을 따라야 할 피조물이 자기 자신을 사랑했습니다. 이것이 첫 범죄의 본질입니다. 첫 사람 아담과 하와는 에덴의 동산에서 추방됨으로 참사랑을 상실했고 질투와 투기와 적개심의 화신이 되었습니다.

하나님께서는 그들을 여전히 사랑하셔서 "여자의 후손"을 약속하시고 자신의 아들을 보내셔서 자기 백성들을 다시 자녀로 삼으셨습니다(창 3:15; 요 1:12). 갈라디아서 4:4~5는 이 사실을 이렇게 말씀합니다.

"때가 차매 하나님이 그 아들을 보내사 여자에게서 나게 하시고 율법 아래에 나게 하신 것은 율법 아래에 있는 자들을 속량하시고 우리로 아들의 명분을 얻게 하려 하심이라.”

잃어버린 한 마리의 양을 찾기 위해 산과 들을 발이 부르트도록 다니시는 사랑, 잃어버린 한 드라크마를 찾기 위해 아픈 허리를 졸라매고 청소하는 여자의 모습, 아버지가 싫어 자기 마음대로 살고자 집을 나간 둘째 아들이 회개하며 돌아오자 기꺼이 품에 안으시는 아버지의 사랑입니다(눅 15장).

성령 하나님의 교통

우리는 예수님께서 성령님에 대해 약속하신 말씀을 기억합니다. 예수님께서는 성령님을 “다른 보혜사”라고 부르셨습니다. 보혜사는 대언자로 번역됩니다(요일 2:1). 변호하는 분이라는 말입니다. 예수님께서는 바로 그 보혜사를 보내시겠다고 약속하셨습니다(요 15:26). 동시에 보혜사 성령님께서는 성부 하나님께서 예수님의 이름으로 보내십니다(요 14:26). 그래서 우리 고백서는 성령께서는 성부와 성자로부터 영원토록 나오신다고 했습니다(신앙고백서 2:3).

보혜사 성령님께서는 진리의 영이시기 때문에 성자 예수님의 은혜와 성부 하나님의 사랑을 가르치고 깨닫게 하십니다(요 14:17,26). 그래서 바울 사도는 성령님께서는 하나님께서 우리에게 주신 것들을 알게 하려 하신다고 전했습니다(고전 2:12). 진리의 성령님께서는 자기 백성들을 진리 가운데로 인도하십니다(요 16:13). 곧 보혜사 성령님께서는 예수님을 증거하십니다. 성령님의 사역으로 예수님을 주님으로 고백합니다(고전 12:3). 성령님의 사역으로 하나님의 백성인 교회가 출현합니다(마 28:19).

이러한 성령님과 관련하여 강복선언에서는 '성령의 교통하심'을 말씀합니다. 여기 교통이라는 말은 '교제'라는 뜻입니다. 성령 하나님께서는 삼위 하나님과 교제하게 하십니다. 삼위 하나님과 원수였던 자들을 불러 자기 백성으로 삼으십니다. 이것이야말로 성령 하나님께서 이루시는 교제의 회복입니다. 또한 삼위 하나님께서 하나가 되신 것처럼 교회도 하나 되게 하십니다(요 17:11,21). 삼위 하나님께서 서로 사랑하신 것처럼 성령님께서는 교회가 서로 사랑하게 하십니다.

강복선언, 삼위 하나님과 누리는 최고의 교제

강복선언은 예배의 마지막을 알리는 표가 아닙니다. 기도도 아닙니다. 삼위 하나님의 복을 선포하는 감격의 순간입니다. 우리는 교회로 모여 매 주일마다 삼위 하나님을 예배합니다. 예배는 삼위 하나님께서 자기 백성에게 찾아오셔서 교제를 나누시는 현장입니다. 마치 부부가 서로를 아끼고 이해하며 사랑을 나누는 모습과 같습니다. 강복선언에 "아멘"으로 화답함

으로 삼위일체 하나님의 은혜와 사랑과 교제하게 하심을 풍성
히 누리는 삶이 되시길 소망합니다.

1. 흔히 '축도'라고 부르는 것을 '강복선언'이라고 말해야 하는 이유
   는 무엇인가요?

2. 강복선언에서 예수님을 먼저 언급하는 이유는 무엇입니까?

3. 성자 예수님의 은혜가 고린도후서 13장 13절에 나타난 예수님께
   대한 호칭과 어떤 연관이 있는지 설명해봅시다.

4. "성령의 교통하심"은 무엇입니까? 이를 우리 삶에 어떻게 적용
   할 수 있습니까?

5. 공예배 순서에서 강복선언이 지니는 의미에 대해 설명해봅시다.

6. 강복선언에 임하는 평소 자신의 모습을 되돌아보고 어떻게 대해
   야 할지 나누어봅시다.

3

에서와 야곱을 통해 배우는 하나님의 작정

창세기 25:19~34 | 고백서 3장 하나님의 영원 작정

3장 하나님의 영원 작정

3.1 하나님께서는 일어날 모든 일들을 영원부터 지극히 지혜롭고 거룩하신 뜻의 협의로 자유롭고 불변하게 정하셨다. 그렇다 하여도 하나님께서는 죄의 조성자가 아니실 뿐만 아니라, 피조물의 의지에 폭력을 가한 것도 아니시며, 제2원인자들의 자유나 우연성을 제거하지 않고 오히려 세우신다.

3.5 하나님께서는 생명으로 예정된 자들을 세계의 기초를 놓으시기 전에 자기의 영원하고 불변한 목적과 자기 뜻의 숨겨진 협의와 선한 기쁘심을 따라 그리스도 안에서 영원한 영광에 이르게 선택하셨으니, 그들에게서 믿음이나 선행이나 견인(堅忍)을 미리 보심이 없이, 혹은 피조물에게 있는 어떤 자질이나 조건도 자기를 움직이게 하는 원인으로 삼지 않으시고, 너그러운 은혜와 사랑만으로 하시되 이들이 자기의 영광스러운 은혜를 찬양하게 하셨다.

3.6 하나님께서 피택자(被擇者)들을 영광에 이르도록 지명하심과 동시에, 그 영광에 이르는 모든 방편들도 자기 뜻의 영원하고 지극히 너그러운 목적에 따라 미리 정하셨다. 그리하여 아담 안에서 타락했으나 피택자들은 그리스도로 말미암아 구속함을 받으며, 적절한 때에 역사하시는 성령으로 말미암아 그리스도를 믿도록 효력 있는 부르심을 받는다. 이들은 성령의 능력으로 말미암아 구원에 이르는 믿음으로 말미암아 의롭다 함을 받고 자녀로 입양되어 거룩하여지고 보

호받는다. 피택자들 외에는 누구도 그리스도로 말미암아 구속함을 받거나, 효력 있는 부름을 받거나, 의롭다 함을 받고 자녀로 입양되어 거룩하게 되거나 구원을 받지 못한다.

3.7 나머지 인류를, 하나님께서는 스스로 기뻐하시는 대로 자비를 베푸시거나 그 자비를 거두시는 자기 뜻의 측량할 수 없는 협의를 따라, 만물 위에 가지신 자기의 주권적 능력의 영광을 위하여, 자기의 영광스러운 공의가 찬양받도록, 그들을 지나쳐버리시고 그들이 자기들의 죄로 인해 부끄러움과 진노에 떨어지도록 정하시기를 기뻐하셨다.

3 에서와 야곱을 통해 배우는 하나님의 작정

창세기 25:19~34 | 고백서 3장 하나님의 영원 작정

이삭의 가정에 찾아온 희소식

이삭은 나이 마흔에 결혼했습니다. 아내 리브가는 멀리 밧단아람에서 데려온 예쁜 여자였습니다(20절). 이삭에게 결혼은 어머니를 잃은 슬픔에서 해방되는 일이었습니다(창 24:67). 그러나 이삭과 리브가는 이십 년 동안 무자(無子)했습니다. 이삭은 하나님께 기도했습니다. 드디어 아내로부터 임신 소식을 들었습니다.

자녀는 한 가정의 즐거움이요 기쁨입니다. 구원의 역사에서 자녀를 얻는 일은 세속의 즐거움 정도가 아닙니다. 특히 아브

라함과 이삭에게 자녀는 자신의 가정사뿐만 아니라 하나님의 구원역사와 관련되어 있기 때문에 보통일이 아닙니다. 이삭의 가정에 자녀가 태어나는 것은 하나님의 구원이 지속될 것인지 말 것인지를 결정하는 중대한 문제입니다.

하나님께서는 아브라함에게 큰 민족을 약속하셨고, 그 약속의 결과로 이삭이 태어났습니다. 그 이삭에게 드디어 자녀를 선물로 주셨습니다. 이는 아브라함의 약속이 지속된다는 뜻입니다. 곧 여자의 후손이 이삭을 통해 올 것이며, 그 여자의 후손이 사단의 머리를 상하게 함으로 실패한 아담의 사역을 완성할 것입니다. 바로 이 면에서 자녀의 출생은 하나님께서 펼치시는 구원의 직접적 현장입니다.

임신 중에 들려진 소식

리브가는 임신의 기쁜 소식을 접한 지 얼마 지나지 않아 마냥 기뻐할 수만은 없는 경험을 하였습니다. 두 아이가 그녀의 태에서 서로 싸웠습니다. 이 진기한 경험은 산모에게 불안과 초조의 원인이었습니다. 그리하여 하나님께 물었습니다. 하나님께서는 "두 국민이 네 태중에 있구나 두 민족이 네 복중에서부터 나누이리라 이 족속이 저 족속보다 강하겠고 큰 자가 어린 자를 섬기리라"고 하셨습니다(23절).

태(胎)속에서 시작된 싸움은 두 민족의 출현과 나눔으로 이

어질 것이라 하셨습니다. 리브가의 입장에서 이 소식은 결코 반갑지 않습니다. 그러나 그것은 하나님의 정하신 바입니다. 더욱이 "큰 자가 어린 자를 섬기리라"고도 하셨습니다.

여기 '섬긴다'는 말씀은 종이 된다는 뜻입니다. 창세기 9장에서 노아는 함의 아들 가나안에 대하여 예언했습니다. "이에 이르되 가나안은 저주를 받아 그의 형제의 종들의 종이 되기를 원하노라 하고"(창 9:25). 함의 아들 가나안은 저주를 받아 형제들의 종이 될 것입니다. '종'이라는 표현이 본문 23절에서 '섬긴다'는 말씀과 같은 단어입니다. 즉, 에서가 야곱의 종이 될 것이라는 뜻입니다. 그러므로 두 아이에 대한 이 예언은 하나님의 작정을 이해하는 열쇠입니다.

에서와 야곱을 통해 배우는 하나님의 작정

작정이란 하나님께서 일어날 모든 일들을 영원부터 지극히 지혜롭고 거룩하신 뜻의 협의로 자유롭고 불변하게 정하셨다는 말입니다(신앙고백서 3:1). 이러한 하나님의 영원 전의 작정이 사람에게 적용 될 때, 이를 피택자라 합니다(신앙고백서 3:6). 즉, 하나님의 작정의 구체적 표가 사람에게 있어서 '선택'입니다. 하나님께서는 사람의 믿음이나 선행, 그리고 그들의 어떤 자질이나 조건에 관계없이 선하신 뜻을 따라 선택하셨습니다(신앙고백서 3:5).

바울은 로마서 9장에서 하나님의 선택을 매우 자세하고 분명하게 설명합니다. "리브가가 우리 조상 이삭 한 사람으로 말미암아 임신하였는데 그 자식들이 아직 나지도 아니하고 무슨 선이나 악을 행하지 아니한 때에 택하심을 따라 되는 하나님의 뜻이 행위로 말미암지 않고 오직 부르시는 이로 말미암아 서게 하려 하사 리브가에게 이르시되 큰 자가 어린 자를 섬기리라 하셨나니 기록된 바 내가 야곱은 사랑하고 에서는 미워하였다 하심과 같으니라"(롬 9:10~13).

바울은 하나님의 선택이 에서와 야곱이 태어나지도 않았고 무슨 선이나 악을 행하지 아니한 때에 이루어졌다고 합니다. 곧 선택은 인간 편에서의 어떠한 자질이나 조건과 관련이 없습니다. 그러면서 하나님의 뜻이 행위에 의하지 않고 하나님으로 말미암는다고 했습니다. 선택은 철저하게 하나님의 뜻에 귀속됩니다.

하나님께서는 야곱을 사랑하고 에서는 미워하셨습니다. 바울은 말라기 1:2~3의 말씀을 인용했습니다. 70년의 포로 생활을 마치고 고국에 돌아온 유다 백성들의 삶은 여전히 고통과 괴로움의 연속이었습니다. 그들은 하나님의 사랑을 의심하기 시작했습니다. 바로 그때, 하나님께서는 선지자 말라기를 통하여 "내가 야곱을 사랑하였고 에서는 미워하였으며"라고 하셨습니다. 그러면서 그들에게 하나님의 사랑의 표로 의로운 해가 떠올라 치료하는 광선을 발하리라고 하셨습니다(말 4:2). 유다 백성들의 선한 행위와 믿음에 관계없이 하나님께서는 야곱 백성들을 사랑하셨습니다.

동시에 에돔(에서의 후예)은 멸망할 것입니다. 우리 신앙고백은 이러한 에서의 후예들에 대한 하나님의 뜻에 대하여 말하길, "그들이 자기들의 죄로 인해 부끄러움과 진노에 떨어지도록 정하시기를 기뻐하셨다."라고 했습니다(신앙고백서 3:7). 하나님께서는 에서가 선택에서 제외되도록 작정하셨습니다.

쌍둥이의 탄생과 성장

드디어 쌍둥이가 태어났습니다. 큰 아이는 붉었고 작은 아이는 형의 발꿈치를 잡고 태어났습니다. 첫째는 '털 난 자'란 뜻의 에서라는 이름을, 둘째는 '발꿈치를 잡은 자'라는 뜻의 야곱이라는 이름을 얻었습니다. 두 아들 중 하나를 통해 예수 그리스도가 오실 것입니다. 어느 쪽을 통해 뱀의 머리를 상하게 할 구원자, 곧 여자의 후손이 올지 이미 정해졌습니다. 누가 하나님의 피택자이며, 버려진 자인지 정해졌습니다. 그리고 그 일은 정해진 가정에서 정해진 시간에 실현되었습니다.

두 아이는 장성하여 고유한 자기 삶을 가졌습니다. 에서는 사냥꾼인고로 들사람이 되었고, 야곱은 조용한 사람인고로 장막에 거하였습니다. 사냥꾼이라는 표현은 직업을 나타내는 말이기도 하거니와 에서의 신분을 드러내는 표로도 이해됩니다.

함의 자손 중에 니므롯이라는 사람이 있었습니다. 그도 에서처럼 용감한 사냥꾼이었습니다(창 10:9). 성경은 그에 대해 "그의 나라는 시날 땅의 바벨"이라고 합니다(창 10:10). 즉, 사냥꾼이라는 표현은 단순히 그가 들에서 사냥하는 정도의 사람이 아니라 한 '나라'를 다스리는 왕이었음을 의미합니다. 그러니 이삭의 눈에 에서는 한 나라를 건설할 재목으로 보였고 그래서 그를 사랑했습니다.

이와는 반대로 야곱은 조용한 사람이었습니다. 여기 '조용한'이라는 번역은 거의 오역에 가깝습니다. 히브리어로 '이쉬 탐 (אִישׁ תָּם)'은 조용한 사람이라는 뜻이 아닙니다. 히브리어 '탐 (תָּם)'은 '경건한' 혹은 '완전한'이라는 뜻입니다. 그래서 다윗에 대하여 마음이 "온전"하다고 했고, 욥을 소개하면서 "온전하고 정직하여"라고 했습니다(왕상 9:4; 욥 1:1,8). 야곱은 조용한 성품의 소유자가 아니라 하나님 앞에서 온전하고 경건한 사람이었습니다.

두 종류의 사람과 삶

한 사람은 나라를 다스릴 만한 재목이었고, 다른 한 사람은 경건하며 온전한 사람이었습니다. 그러나 한 사람은 선택 받은 자였고, 다른 한 사람은 버림 받은 자였습니다. 야곱은 죽을 끓였습니다. 마침 형 에서가 사냥에서 허기진 채로 돌아왔습니다. 배고픈 에서는 동생에게 죽을 달라 청했습니다. 그러자 야곱이 장자의 명분을 요구했습니다. 에서는 죽을 지경에 이른 자신의 처지를 생각하며 흔쾌히 장자의 명분을 동생에게 넘겼습니다.

오늘날 우리의 윤리적 관점에서 이 사건을 평가한다면 야곱의 소위는 비난 받아 마땅합니다. 야곱에게 있어 에서는 가족이요, 가장 가까운 형제입니다. 그럼에도 불구하고 그는 음식을 제공하면서 대가를 요구합니다. 에서가 사냥꾼이었기에 평소의 삶을 추측하건데, 야곱은 대부분 형으로부터 공급되는 맛있는 고기를 먹었을 것입니다. 우리는 야곱의 행위에서 약삭빠른 한 인간의 전형을 발견합니다. 그러나 성경은 이러한 윤리적 판단에 침묵합니다. 오히려 에서를 향하여 '장자의 명분을 경홀히 여겼다'라고 평가합니다. 히브리서 12:16은 "한 그릇 음식을 위하여 장자의 명분을 판 에서와 같이 망령된 자가 없도록 살피라"고 합니다.

성경에서 장자는 단순히 첫째 아들이라는 의미를 넘어섭니다. 장자, 곧 맏아들은 아버지로부터 두 배의 상속권이 있습니다(신 21:17). 실제로 첫째 아들로 태어나지 않았어도 때때로 장자의 권한을 위임 받아 행사하는 경우도 많습니다. 예를 들면, 다윗은 막내였지만 장자로 인정되었습니다(시 89:20,27). 요셉 역시 생물학적으로 장자가 아니지만 장자의 명분을 얻었습니다 (대상 5:1).

장자는 다른 형제들과 비교하여 두 배의 몫을 가질 뿐만 아니라 가족을 대표하며 보호하고 아버지의 권위를 상속 받습니다. 그래서 이방에 대하여 이스라엘은 장자였습니다(출 4:22). 예수님께서는 맏아들 곧 장자로 이 땅에 오셨고 성부 하나님의 구속역사를 온전히 이루셨습니다(눅 2:7: 롬 8:29). 이렇듯 장자권의 이양은 가벼이 여길 문제가 아닙니다.

우리는 에서와 야곱의 삶을 통하여 하나님의 선택을 배웁니다. 에서는 버림받은 자였습니다. 자기의 죄로 인해 부끄러움과 진노의 삶을 살았습니다(신앙고백서 3:7). 그는 하나님의 약속과 구속, 그리고 거룩한 삶에 관심을 두지 않았습니다. 그의 관심은 오직 세상에 속한 것들이었습니다. 먹고, 마시고, 입는 일에 관심을 두고 사는 이방인의 전형입니다(마 6:31~32). 선택 받지 못한 자는 하늘에 관심을 두지 않습니다.

이와는 반대로 야곱은 비록 인간적인 면에서 많은 약점을 지녔지만 하나님의 작정에 의하여 택함 받은 자였습니다. 야곱은 경건한 자였기에 항상 하나님의 약속과 구원, 그리고 거룩한 삶에 집중하고자 했습니다. 우리는 야곱의 삶에서 비록 인간적인 영악한 모습을 보지만 다른 한편으로 하나님의 약속에 집중하는 택함 받은 거룩한 백성의 삶을 발견합니다. 택함 받은 성도는 땅의 것을 구하지 않고 하늘의 것을 찾습니다(골 3:1).

1. 이삭의 가정에 자녀가 태어나는 일은 어떤 면에서 중대한 의미를 가집니까?

2. 두 아이에 대한 예언의 내용은 무엇입니까? 창 25:23의 의미는 무엇입니까?

3. 하나님의 선택에 대해서 가르치는 신약 본문은 무엇입니까? 그리고 이 본문이 가르치는 바는 무엇입니까?

4. 성경에서 말하는 장자의 의미는 무엇이며 야곱과 에서가 장자의 명분을 사고 판 일에 대해 성경은 어떤 평가를 합니까?

5. 하나님께서 작정이라는 방법을 선택하신 이유를 롬 9:10~13을 통해 생각해봅시다.

4

창조주이시며 섭리하시는 아버지 하나님

창세기 1:1~2:3 | 고백서 4장 창조, 5장 섭리

4장 창조, 5장 섭리

4.1 성부, 성자, 성령 하나님께서는 자기의 영원한 능력과 지혜와 선하심의 영광을 나타내시기 위하여, 태초에 세상과 그 가운데 있는 보이는 것이나 보이지 않는 만물을 엿새 동안 선하게 창조하시기를, 혹은 무(無)로부터 지으시기를 기뻐하셨다.

5.1 하나님께서는 만물의 위대한 창조주로서 자기의 지극히 지혜롭고 거룩하신 섭리로 자기의 지혜와 능력, 공의, 선하심과 자비의 영광이 찬양을 받도록 자기의 무오한 예지(豫知)와 자기 뜻의 너그럽고 불변하는 협의를 따라, 모든 피조물과 행사들과 일들을 지극히 큰 것에서부터 지극히 작은 것에 이르기까지 보존하시고, 인도하시고, 정돈(整頓)하시고 다스리신다.

5.3 하나님께서는 통상적 섭리에서 방편들을 사용하시지만, 자기의 기뻐하심을 따라 그 방편 없이 또는 방편을 초월하시거나 상반되는 방식으로 자유로이 일하실 수 있다.

5.7 하나님의 섭리가 일반적으로 만물에 미치듯이, 그것은 지극히 특별한 방식으로 하나님의 교회를 보호하고, 모든 것들이 교회의 선을 이루게 하신다.

4 창조주이시며 섭리하시는 아버지 하나님

창세기 1:1~2:3 | 고백서 4장 창조, 5장 섭리

믿음으로 고백되는 창조주 하나님

"태초에 하나님이 천지를 창조하시니라"(1:1). 세계 모든 그리스도인이 암송하는 구절입니다. 하나님의 창조주 되심은 우리 믿음의 핵심입니다. 이 고백이 없으면 그리스도인이라 할 수 없습니다.

어떤 사람들은 예수님의 십자가는 믿지만 하나님께서 천지를 창조하셨다는 사실은 믿어지지 않는다고 합니다. 이런 경우는 불가능합니다. 만약 누군가가 구속주 하나님과 창조주 하나님을 분리하여 믿는다면, 그는 성경이 말하는 하나님을

믿는 것이 아니라 자신이 만든 우상을 믿는 사람입니다. 구속주 하나님께서는 곧 창조주 하나님이십니다(시 104:30; 골 1:15~16).

성경이 이렇게 명확하고 분명하게 가르치고 있음에도 불구하고 죄 아래 있는 인간은 자기의 이성(理性)을 믿습니다. 사람의 이성이 우상이 된지는 오래입니다. 원래 사람은 생각하는 힘을 하나님으로부터 받았습니다. 사람은 선물로 받은 이성을 하나님을 위해 사용해야 했습니다. 그러나 타락한 사람은 자기 이성을 숭배하는 배교자가 되었습니다. 그 이성이 인류역사에서 다양한 옷을 입고 등장하여 어리석은 사람들을 유혹합니다.

과학은 인간 이성의 또 다른 옷입니다. 과학은 우주의 기원을 말하고 사람의 출현을 말하며 인류의 미래를 말합니다. 천지만물이 어찌어찌 해서 발생했다고 말합니다. 사람이 오랜 시간을 지나며 진화했다고 가르칩니다. 원숭이가 사람이 되었다니요, 어찌 이런 패역한 말이 있습니까! 어리석은 인간들은 그 말이 사실인양 받아들입니다. 물론, 우리는 과학이 발견한 각종 이론을 무시하지 않습니다. 과학은 하나님의 말씀 아래 있을 때에 진정한 의미를 갖습니다.

진리의 말씀인 성경은 하나님께서 모든 만물을 만드셨다고 선포합니다(창 1장; 시 104편). 이 성경의 가르침을 따라 사도신경은 "나는 전능하신 하나님 아버지, 천지의 창조주를 믿습니다."라고 고백합니다(고신헌법 '부록' 참조). 우리 고백서는 성부, 성자, 성령 하나님께서 태초에 세상과 그 가운데 보이는 것이나 보이지 않는 만물을 엿새 동안 선하게 창조하시기를 기뻐하셨다고 했습니다(신앙고백서 4:1).

우리는 여기에서 기독교인 과학자의 사명과 자세를 발견합니다. 기독교인 과학자의 사명은 하나님께서 피조물 가운데 심어두신 이치와 원리를 찾아내는 것입니다. 기독교인 과학자는 자기의 명성이 아니라 하나님의 영광이 삶의 목적입니다(성영은,『케플러』, 서울: 성약, 2011. 참고).

창조를 통해 자기 왕국을 보여주신 하나님

하나님께서는 창조를 통하여 자기 왕국을 보여주셨습니다. 자기 왕국이 어떻게, 어떤 상태에서, 어떤 순서를 따라, 무엇으로 구성되었는지를 낱낱이 밝히셨습니다. 마지막에 그 왕국을 자기 형상을 따라 지음 받은 인간에게 다스리라고 하셨습니다. "뜻이 하늘에서 이루어진 것 같이 땅에서도 이루어지이다"(마 6:10)는 첫 사례가 창조입니다.

하나님께서는 엿새 동안 말씀으로 피조물을 창조하셨습니다. 이 창조는 무(無)로부터 입니다(신앙고백서 4:1). 하나님께서는 빛과 궁창을 창조하셨습니다. 궁창 아래의 물을 한 곳으로 모으고 바다라 하셨고 뭍을 땅이라 부르셨습니다. 또한, 해, 달,

별들을 창조하시고 물에서 생물이 번성하게 하셨으며 새와 큰 물고기도 창조하셨습니다. 육축, 기는 것, 짐승을 만드셨고 마지막에는 사람을 남자와 여자로 창조하셨습니다.

하나님께서 사람에게 생육하고 번성하여 땅에 충만하고 땅을 정복하고 다스리라고 하셨습니다(28절). 여기 다스림은 왕적 사역을 의미합니다. 즉, 사람은 하나님께서 만드신 피조물을 다스리는 특권을 얻었습니다. 아담은 다스리는 왕입니다. 그러므로 우리는 매우 자연스럽게 창조를 통해 나타난 피조물이 하나님의 왕국임을 확신합니다. 이 하나님의 왕국은 하나님의 집이라 불리기도 했습니다(사 66:1; 행 7:49~50).

왕국의 창조를 마치신 하나님께서는 그 왕국이 스스로 움직이도록 두지 않으셨습니다. 모든 피조물과 행사들과 일들을 지극히 큰 것에서부터 작은 것에 이르기까지 보존하시고, 인도하시고, 정돈하시며 다스리셨습니다(신앙고백서 5:1).

하나님 나라가 세워지는 첫 번째 원리 : 질서와 채움

교리문답은 삼위 하나님의 작정이 창조와 섭리를 통하여 집행된다고 가르칩니다(대교리 제14문답). 삼위 하나님의 협의가 창조를 통해 구체화되었습니다. 그러므로 우리가 창세기 1장을 읽을 때, 비로소 삼위 하나님께서 구체적으로 무엇을 협의하셨는지 압니다.

하나님께서 하늘과 땅을 창조하셨다는 선포에 이어 2절은 땅에 대해 말합니다. "땅이 혼돈하고 공허하며 흑암이 깊음 위에 있고 하나님의 영은 수면 위에 운행하시니라." 땅이 혼돈하다는 말씀은 '질서가 없다'는 뜻이며, 공허하다는 말씀은 '비어 있다' 혹은 '아무런 모양을 갖추지 못했다'는 의미입니다.

혼돈하고 공허한 곳에 하나님께서는 빛과 궁창을 만드셨고 뭍과 바다를 나누셨습니다. 첫째 날에서 셋째 날까지 창조된 내용의 공통점은 구분입니다. 빛은 낮과 밤의 구분입니다. 궁창은 위의 물과 아래 물의 구분입니다. 뭍과 바다 역시 구분됩니다. 이는 혼돈이 질서 있는 상태로 변했음을 의미합니다.

넷째 날에서 여섯째 날까지의 창조사역은 또 다른 특징을 보여줍니다. 공허한 곳이 무엇인가로 채워지고 모양을 갖추었습니다. 곧 해, 달, 별들, 그리고 새들과 바다 생물들, 육지에는 육축과 기는 것과 짐승들로 모양이 잡혔습니다. 공허한 곳이 창조물들로 가득 채워졌습니다.

하나님의 왕국은 질서와 하나님께서 원하시는 모양을 갖춤으로 세워지며 보존됩니다. 사람의 범죄로 피조물도 저주를 받았습니다(창 3:17). 하나님께서는 아브라함의 후손으로 왕국을 세우시고 그들에게 바로 이 원리를 다시 가르치셨습니다. 하나님의 왕국(이스라엘)은 항상 말씀이 기준이 되어 선과 악을 구분하고 왕, 제사장, 선지자라는 직분을 통해 질서 있게 다스려집니다. 동시에 그 왕국은 말씀과 직분의 섬김이 열매를 맺어 모양을 갖춤으로 온전해집니다. 이러한 원리는 하나님 나라의 현현(顯現)인 교회에도 적용됩니다. 고백서는 이를 통상적 섭리에서 방편들을 사용하신다고 했습니다(신앙고백서 5:3).

하나님 나라가 세워지는 두 번째 원리 : 순종과 성숙으로 나아감

모든 피조물은 하나님께서 보시기에 좋게 창조되었습니다 (1:4,10,12,18,21,25,31). 보시기에 좋았더라는 하나님의 평가는 완전하다는 의미는 아닙니다. 만약 모든 것이 완전하고 부족함 없이 창조되었다면 사람은 타락할 수 없습니다. 그래서 우리는 보시기에 좋았더라는 말씀을 삼위 하나님께서 협의 하신대로 이루어졌다는 뜻으로 이해합니다. 특히 선악의 지식을 알게 하는 나무 열매를 먹지 말라는 명령에서 사람의 한계를 분명히 깨닫습니다.

그러므로 사람은 하나님의 명령에 순종함으로 더욱더 성숙의 단계로 나아갑니다. 동시에 사람이 만물을 다스리라는 명령도 받았습니다. 그 다스림을 통하여 피조물도 하나님께서 원하시는 대로 영광스럽고 온전한 모습으로 자랍니다. 이처럼 사람의 순종은 그 스스로를 더욱 복된 자리에 이르게 하며, 그가 다스리는 모든 피조물을 온전한 하나님의 왕국의 모습으로 드러내게 합니다.

이와 같은 도리는 사람이 하나님의 형상과 모양대로 지음 받았다는 사실에서도 확증됩니다. 사람이 하나님의 형상과 모양대로 지음 받았다는 것은 사람의 순종을 통하여 하나님의 속성이 발현된다는 뜻입니다. 사람은 하나님의 뜻에 순종함으로 하나님을 드러내고 닮아가야 합니다.

사람의 순종과 그로 인한 피조물의 성숙은 하나님 나라가 세워지는 원리입니다. 로마서 1:20은 "창세로부터 그의 보이지 아니하는 것들 곧 그의 영원하신 능력과 신성이 그가 만드신 만물에 분명히 보여 알려졌나니"라고 했습니다. 사람의 순종은 만물에 보여 알려진 하나님의 능력과 신성이 꽃피우는 자양분입니다.

삼위 하나님의 목표, 안식

엿새 동안의 창조가 끝나고 하나님께서는 일곱째 날에 안식하셨습니다(2:2). 창조와 섭리가 지향하는 바가 분명해졌습니다. 하나님께서는 창조를 마친 후에 안식하심으로 모든 피조물이 다다라야 할 목표를 친히 보여주셨습니다.

하나님께서는 시온을 택하시고 그곳을 거처로 삼으셨습니다. 그리고 그곳에 대해 "이는 내가 영원히 쉴 곳이라"고 하셨습니다(시 132:13~14). 하나님의 집인 성전은 여호와께서 안식하시는 처소입니다.

창조에서 하나님의 집은 어디입니까? 하나님께서 말씀으로 창조하신 모든 것이 하나님의 집입니다. 그래서 이사야 66:1은 "하늘은 나의 보좌요 땅은 나의 발판이니 너희가 나를 위하여 무슨 집을 지으랴 내가 안식할 처소가 어디랴"라고 했습니다. 자신이 창조하신 바로 그곳에 거하시면서 엿새 동안의 창조를 즐기는 것이 안식입니다. 안식은 누림이요, 즐김입니다.

사람은 순종을 통하여 자신뿐만 아니라 피조물의 안식을 추구해야 합니다. 그러나 첫 사람 아담과 여자는 범죄하여 이 안식을 누리지 못했습니다. 우리는 둘째 아담이신 그리스도를 통하여 이 안식에 참여합니다. 그리스도께서 재림하실 때에 모든 피조물이 완전한 안식에 이릅니다. 창조하시고, 창조된 피조물을 섭리로 보존하시고 인도하시며 정돈하시고 다스리시는 하나님의 최종 목표는 안식입니다.

삼위 하나님께서는 창조주이십니다. 모든 만물의 주인이십니다. 그 분이 예수님을 통하여 우리의 아버지가 되셨고 성령님께서 그 아버지와 교제하게 하십니다. 창조주 되신 우리의 아버지 하나님께서는 자녀들을 보호하시고 모든 것들을 선하게 인도하십니다(신앙고백서 5:7).

1. 아담이 왕이라는 것이 창조된 세계를 어떻게 이해하게 합니까?
   하나님께서는 창조를 통해 무엇을 보여주셨습니까?

2. 하나님 나라가 세워지는 원리는 무엇입니까?

3. 하나님 나라가 세워지는 첫 번째 원리는 구약 이스라엘과 신약
   교회 안에서 어떻게 드러납니까?

4. 하나님 나라를 세우는 데에 있어서 사람의 순종이 어떤 기능을
   하는지 정리해봅시다.

5. 창조를 통해 보여주시는 삼위 하나님의 목표는 무엇입니까? 누
   구를 통해 이루어집니까?

6. 완전한 안식을 기다리는 하나님의 백성들의 삶은 어떠해야 할지
   나누어 봅시다.

5

역모의 깃발이 죄와 비참의 이정표가 되다

창세기 3장 | 고백서 6장 사람의 타락, 죄와 그 징벌

6장 사람의 타락, 죄와 그 징벌

6.1 우리의 첫 조상은 사탄의 간계와 유혹에 넘어가 금지된 실과를 먹어 죄를 지었다. 그들의 이 죄를 하나님께서는 자기의 영광을 목적으로 조정(調整)하신 후, 자기의 지혜롭고 거룩한 작정을 따라 허용하시기를 기뻐하셨다.

6.2 이 죄로 그들은 원래의 의(原義)와 하나님과의 교제에서 타락하였고, 죄로 인하여 죽었으며 영혼과 몸의 모든 기능과 부분이 전적으로 더러워졌다.

6.3 그들은 온 인류의 뿌리이기 때문에 이 죄의 죄책(罪責)은 전가되었고, 죄 안에서 동일한 사망과 부패한 본성은 보통 생육법으로 그들에게서 태어난 모든 후손들에게 전수되었다.

6.4 사람은 원래의 부패로 말미암아 모든 선을 전적으로 싫어하고, 그것을 행할 수 없으며 거역하고 전적으로 모든 악에 기울어지며, 이 원래의 부패로부터 모든 자범죄가 나온다.

6.5 본성의 부패는 중생 받은 자들 안에도 현세 동안에는 남아있다. 이 부패가 그리스도로 말미암아 용서 받고 죽임을 당했다. 그러나 부패 자체와 그 모든 충동은 실로 당연히 죄이다.

5 역모의 깃발이 죄와 비참의 이정표가 되다

창세기 3장 | 고백서 6장 사람의 타락, 죄와 그 징벌

왕으로 창조된 인간

사람은 하나님의 형상으로 창조되었습니다(창 1:26). 사람의 위대함은 여기에서 출발합니다. 사람은 하나님을 닮았고 하나님을 향하여 성장하며 종국에는 영생에 이르도록 창조되었습니다(창 2:9, 3:22). 그는 만물의 주인이시오 창조주이신 하나님을 닮은 유일한 피조물입니다.

하나님의 형상으로 창조된 사람에게 그에 걸맞은 직위가 주어졌습니다. 하늘의 하나님을 대신하는 왕의 직위를 받았습니다(창 1:26,28). 사람의 왕적 다스림은 모든 피조물에게 확대되어

하나님께서 원하시는 왕국의 모습으로 화(化)하는 데까지 나아가야 합니다. 그 목표가 이루어지는 방편이 생육, 번성, 충만, 땅의 정복과 다스림입니다.

그러나 모든 피조물에 대한 다스림은 순식간에 이루어지지 않았습니다. 그에게는 먼저 작은 영역이 주어졌습니다. 곧 에덴의 동산입니다. 동산을 다스리며 지키게 하셨습니다(창 2:15). 지극히 작은 것에 충성된 자는 큰 것에도 충성된다는 가르침은 첫 사람 아담에게도 적용됩니다(참고. 눅 16:10; 마 25:21~23; 눅 19:16~17).

에덴의 동산은 만왕의 왕이신 하나님과 그의 신부인 사람이 교제하는 사랑의 공간입니다. 그곳은 주인, 곧 신랑이 자기 신부를 위하여 말씀과 지혜 그리고 양식을 베푸는 환희의 현장입니다. 동시에 그곳은 신랑이 베푼 은혜를 받아 그 받은 바에 감격하여 찬송과 기도와 감사를 드리는 예배의 현장입니다.

그러므로 신부인 사람은 오직 왕이요 남편인 하나님의 말씀에 귀 기울여야 합니다. 어느 피조물도 에덴의 동산을 침략할 수 없도록 지켜야 합니다. 주어진 직무에 충실하기 위해 피조물을 잘 다스려야 합니다. 사람은 선악을 알게 하는 나무의 실과를 먹으면 반드시 죽는다는 왕이요 신랑이신 하나님의 말씀을 생명처럼 지켜야 합니다(창 2:17).

역모의 깃발을 잡은 땅의 왕

어느 날, 뱀이 여자에게 왔습니다. 뱀은 마귀, 사단, 혹은 거짓말쟁이요 거짓의 아비라 불립니다(계 12:9; 요 8:44). 뱀은 하나님께서 지으신 들짐승입니다. 뱀은 피조물로서 아담의 다스림 아래 있는 존재입니다. 그러나 치리 가운데 있어야 할 뱀이 왕의 배필에게 상왕의 강포를 주절거립니다. "하나님이 참으로 너희에게 동산 모든 나무의 열매를 먹지 말라 하시더냐"(1절).

왕이신 하나님께서는 자신의 신부와 같은 사람에게 오직 한 가지만 금하셨습니다. 모든 것이 허용되었습니다. 더욱이 사람을 자신의 형상과 모양으로 만들고 왕의 직분까지 허락했습니다. 그들에게 동산을 선물로 주어 환희와 즐김의 교제도 허락했습니다.

"동산 모든 나무의 열매를 먹지 말라 하시더냐?" 이 얼마나 악의적인 말입니까! 하나님의 권세와 능력이 높고 크지만 하나님께서는 그것을 사람에게 불합리하게 사용한 적이 없으십니다. 사단은 대리 왕의 여자에게 유혹의 혀를 날름거렸습니다. 여자는 사단의 혐오스런 거짓말을 거부했습니다. 동산나무의 열매를 먹을 수 있지만 동산 중앙에 있는 나무의 열매는 먹지도 말고 만지지도 말라 너희가 죽을까 하노라고 답했습니다(2~3절).

여자는 왕의 명령에 희미했습니다. 그녀는 동산 중앙에 있는 나무 열매를 "만지지도 말라"고 함으로 자기 말을 첨가했습니다. 또한 하나님께서는 반드시 죽는다고 하셨는데, "죽을까 하노라"고 했습니다. 여자는 하나님의 명령에 자신의 말을 덧붙였습니다. 말씀의 왜곡, 사단은 바로 그 틈을 노렸습니다. 사단은 결코 죽지 않을 것이라고 했으며 먹으면 눈이 밝아져 하나님과 같이 된다고 했습니다. 그러자 여자의 눈은 변했습니다. 나무를 보자 먹음직스럽고 보기도 좋았으며 지혜롭게 할 만큼 탐스럽게 보였습니다. 여자는 그 열매를 먹고, 함께 있는 남편에게도 주었습니다.

성경은 아담의 행적에 아무런 정보를 제공하지 않습니다. "그도 먹은지라"라는 짧은 문장이 전부입니다. 그렇다고 하여 아담이 범죄의 현장에서 제외되어 있었습니까? 그렇지 않습니다. 아담은 여자와 "함께" 있었습니다(6절). 아담은 뱀이 여자에게 접근하여 대화하는 모든 과정을 알고 있었습니다. 그도 여자와 같이 탐욕의 불길에 사로잡혔습니다.

왕 중의 왕이신 하나님의 명령을 어기는 것도 모자라 하나님의 자리에 앉고 싶어 했습니다. 땅의 보좌를 버리고 하늘의 보좌를 탐했습니다. 신랑신부의 신뢰와 사랑으로 가득 채워야 할 신방(新房)과 같은 동산에 인간은 다른 왕, 다른 신랑을 들였습니다. 사람은 하나님 대신 다른 왕을 섬겼습니다. 아담은 들짐승인 뱀을 다스려야 하는 사명에 실패했고, 아내인 여자를 지키는 일에도 실패했으며, 하나님의 뜻을 따르는 왕의 직무도 수행하지 못했습니다. 그는 참 왕이신 하나님을 향하여 반역의 깃발을 높이 들었습니다.

탐욕과 교만은 불순종을 낳고

죄는 불순종입니다. 사람은 선악을 알게 하는 나무의 열매를 먹지 말라는 왕의 명령을 어김으로 죄를 지었습니다(신앙고백서 6:1). 사람이 불순종에 이른 원인은 탐욕과 교만입니다. 사람은 스스로 왕이 되고자 했습니다. 하나님의 자리에 오르려 했습니다. 아담은 지음 받은 피조물이면서 동시에 다른 피조물을 다스리는 왕의 자리를 받았으나, 그 지위에서 더 높아지려는 욕망이 불순종을 유발시켰습니다. 그 욕망을 사단이 부추겼습니다. 그래서 우리 고백서는 "우리의 첫 조상은 사탄의 간계와 유혹에 넘어가"라고 했습니다(신앙고백서 6:1).

하나님처럼 되고 싶은 사람의 교만과 욕망은 선악을 알게 하는 나무 열매를 먹는 행동으로 나타났습니다. 그런데 선악을 아는 것이 인간에게 금지되었습니까? 그렇지 않습니다. 선악의 열매를 먹는 것이 금지 되었을 뿐 선악을 구별하는 지혜가 금지되지는 않았습니다. 선과 악을 구분할 수 있는 길이 환하게 열려있었습니다. 사람은 하나님의 명령에 순종함으로 지혜를 얻습니다. 선물로 주신 동산에서 하나님과 교제함으로 선악을 구별할 수 있습니다. 그러나 사람은 순종의 길을 버리고 불순종의 길을 택했습니다.

순종은 선악을 구별하는 지혜와 영생을 얻는 길입니다. 사단은 둘째 아담으로 오신 예수님께 "네가 만일 하나님의 아들이어든"이라는 말로 또 다시 유혹의 혀를 날름거렸습니다(마 4:3,6). 하나님의 아들이기에 독자적으로 행할 능력이 있습니다. 그러나 바로 그 사실, 곧 하나님의 아들이기에 아버지의 뜻에 순종합니다(눅 22:42; 마 7:21). 예수님께서는 아들로서 행할 수 있는 자유를 아버지의 뜻에 기꺼이 복종함으로 순종의 모범을 보여 주셨습니다. 아들은 아버지의 뜻에 순종해야 하며 사단의 말에 순종하면 안 됩니다. 예수님을 통하여 아담의 불순종으로 중단된 영생의 길이 열렸습니다.

죄와 비참의 심연에 빠진 인간

아담과 여자는 동산에 찾아오신 하나님을 피하여 숨었습니다. 그리고 그 원인을 물으시는 하나님께 자신의 죄를 자복하기보다 타인에게 책임을 전가합니다. 아담은 "하나님이 주셔서 나와 함께 있게 하신 여자"라고 함으로, 여자는 "뱀이 나를 꾀므로"라고 했습니다. 죄는 철저히 자기 책임을 타인에게 넘기는 비열함을 낳았습니다. 죄는 사람의 영혼과 몸의 모든 기능과 부분을 전적으로 더럽게 만들었습니다(신앙고백서 6:2).

그리하여 하나님께서는 뱀, 여자, 아담에게 불순종에 대한 형벌을 선언하셨습니다. 그리고 아담과 여자는 에덴의 동산에서 추방되었습니다. 동산에서 쫓겨난 일은 실로 엄청난 결과를 초래했습니다. 하나님을 만나 교제할 수 있는 길이 차단되었습니다. 교제의 단절은 죽음입니다. 그래서 고백서도 "하나님과의 교제에서 타락하였고, 죄로 인하여 죽었으며"라고 했습니다(신앙고백서 6:2). 이를 더욱더 극적으로 보여주는 내용이 있습니다. 죄인이 생명 나무 실과를 먹으려는 욕망을 아시고 그 길을 막으셨다는 표현입니다(22,24절). 이로써 영생의 길은 막혔습니다.

에덴에서 추방된 사람은 하나님과의 교제가 단절되었으며 선을 행할 능력이 사라졌습니다(롬 3:12). 이들은 혀로는 속임을 일삼고, 입술에는 독사의 독이 있고, 입에는 저주와 악독이 가득하며, 파멸과 고생이 그 길에 있고, 하나님을 두려워하지 않습니다(롬 3:13~18). 그래서 고백서는 "선을 전적으로 싫어하고, 그것을 행할 수 없으며 거역하고 전적으로 모든 악에 기울어지며"라고 했습니다(신앙고백서 6:4).

땅은 인간 때문에 저주를 받아 가시덤불과 엉겅퀴를 내었습니다(17~18절). 왕이 범죄했으니 그 통치 아래 있는 모든 피조물이 대가를 치르게 되었습니다. 그래서 바울은 "한 사람으로 말미암아 죄가 세상에 들어오고 죄로 말미암아 사망이 들어왔나니 이와 같이 모든 사람이 죄를 지었으므로 사망이 모든 사람에게 이르렀느니라"(롬 5:12)고 했습니다. 우리 고백서는 이것을 "죄책은 전가되었고, 죄 안에서 동일한 사망과 부패한 본성은 보통 생육법으로 그들에게서 태어난 모든 후손들에게 전수되었다."라고 했습니다(신앙고백서 6:3).

사망은 마귀의 손에 들린 철퇴였습니다(히 2:14). 하나님과의 친밀한 교제로부터 단절되었으니 보통 생육법으로 태어나는 모든 인류는 하나님을 알 수도 없고 믿을 수도 없으며 오직 사단의 권세 아래 매여 자기를 위해 살아가는 죽은 자들이 되었습니다(엡 2:1~3).

죄와 비참의 심연에 빛이 비췄습니다. 여자의 후손은 뱀의 머리를 상하게 할 것입니다(15절). 아담은 여자의 이름을 하와라 함으로 하나님의 징계를 감사히 받았습니다. 감사하게도 인간에게 주어진 사명과 영생의 약속은 완전히 거두어지지 않았습니다. 둘째 아담이신 그리스도, 곧 여자의 후손을 통하여 구원의 은혜가 선물로 주어졌습니다. 이에 대해 우리 고백서도 영혼의 안식을 누리는 가르침을 제공합니다. 본성의 부패는 중생 받은 자들 안에도 현세 동안 남아 있는데, 이 부패가 그리스도로 말미암아 용서 받고 죽임을 당했습니다(신앙고백서 6:5). 할렐루야!

| 함께 생각할 문제

1. 사람에게 주어진 직무는 무엇이며, 이것을 이루기 위한 방편은 무엇입니까?

2. 아담과 여자의 잘못은 무엇입니까?

3. 사람이 불순종에 이른 원인은 무엇입니까? 순종의 결과 우리에게 주어지는 것은 무엇입니까?

4. 아담과 여자가 죄에 빠진 결과는 어떠합니까?

5. 죄와 비참에 빠진 사람에게 하나님께서 어떤 은혜를 베푸셨습니까?

6

하나님의 언약이 완성된 곳, 십자가

마가복음 15:33~41 | 고백서 7장 하나님께서 사람과 맺으신 언약

7장 하나님께서 사람과 맺으신 언약

7.1 하나님과 피조물 사이의 간격이 너무나 크기 때문에, 이성적 피조물
은 창조주인 그분에게 순종해야 함에도 불구하고, 하나님께서 어떤
방식으로든 자발적으로 눈높이를 낮추지 않고는 하나님을 그들의
복락과 상급으로 향유할 수 없었다. 하나님께서는 이것을 언약이라
는 방식으로 기꺼이 표현하셨다.

7.2 하나님께서 인류와 맺은 첫 언약은 행위언약이었다. 이 언약에서는
완전하고 인격적인 순종을 조건으로 아담과 그의 후손에게 생명을
약속하셨다.

7.3 사람이 타락하여 그 언약으로는 스스로 생명을 얻을 수 없었기 때문
에 주님께서는 일반적으로 은혜언약이라 불리는 두 번째 언약을 기
꺼이 세우셨다. 이 언약으로 하나님께서는 죄인에게 예수 그리스도
로 말미암은 생명과 구원을 조건 없이 제시하시고, 그들이 구원을
받도록 믿음을 요구하시고, 생명으로 예정된 모든 이들에게 성령을
주셔서 그들이 자발적으로 믿고자 하며 또 믿을 수 있게 만드시겠다
고 약속하셨다.

7.5 이 언약은 율법시대와 복음시대에 다르게 시행되었다. 율법 시대에
는 약속, 예언, 제사, 할례, 유월절 어린양, 그리고 유대 백성에게
주신 여타 모형과 규례로 시행되었다. 이것들은 오실 메시야를 예표

하였고 성령의 사역으로 그 시대에 피택자들로 하여금 약속된 메시야를 믿도록 교훈하고 세우기에 충분하고 효과적이었다. 메시야로 인하여 피택자들은 완전한 사죄와 영생을 받았으니, 이 언약을 구약이라 부른다.

6 하나님의 언약이 완성된 곳, 십자가
마가복음 15:33∼41 | 고백서 7장 하나님께서 사람과 맺으신 언약

하나님의 사랑의 표, 언약

하나님께서는 아담과 언약을 맺으셨습니다. 완전하고 인격적인 순종을 조건으로 아담과 그의 후손에게 생명을 약속하셨습니다(신앙고백서 7:2). 그래서 우리는 아담에게 주신 언약을 생명의 언약이라 부릅니다. 하지만 첫 사람 아담과 하와는 역모의 깃발을 높이 들었습니다. 그 결과 인류는 죄와 비참의 늪에 빠졌습니다. 그들의 복락과 상급되신 하나님을 향유하는 일은 중단되었습니다.

긍휼에 풍성하신 하나님께서는 아담과 그 후손들에게 은혜

를 베푸셨습니다. 곧 여자의 후손을 약속하셨습니다(창 3:15). 그 여자의 후손이신 예수님께서는 아브라함과 다윗의 자손으로 오셨습니다(마 1:1). 예수님께서는 실패한 아담의 사역을 온전하게 하심으로 하나님의 언약을 완성하셨습니다. 우리 고백서는 이를 은혜언약이라 부릅니다(신앙고백서 7:3). 이 언약으로 하나님께서는 죄인에게 예수 그리스도로 말미암은 생명과 구원을 조건 없이 제시하시고, 그들이 구원을 받도록 믿음을 요구하시고, 믿을 수 있게 만드시겠다고 약속하셨습니다(신앙고백서 7:3). 그 하나님의 언약은 십자가에서 이루어졌습니다.

어두움은 언약 반포의 표입니다

예수님께서 십자가에 못 박히셨습니다. 정오부터 오후 세 시까지 온 땅에 어둠이 임했습니다. 어두움이 임하는 것은 하나님께서 언약을 반포하실 때 일어나는 현상 중 하나입니다. 아브라함과 언약을 맺으실 때에 "큰 흑암과 두려움이" 아브라함에게 임하였습니다(창 15:12). 시내 산에서 이스라엘 백성과 언약을 맺으실 때에도 "어둠과 구름과 흑암이" 덮였다고 했습니다(신 4:11). 다른 한편으로 대낮에 어두움이 임하는 것은 하나님께서 내리시는 언약의 저주를 표하기도 합니다(신 28:29; 암 8:9).

어두움이 임하는 것이 갖는 이러한 의미는 십자가 사건을 이해하는 기초입니다. 예수님께서 십자가에 달리실 때 어두움이 임한 것은 특별한 자연현상입니다. 이것은 일반적인 자연현상이 아니라 하나님께서 언약을 반포하시는 행위요 언약의 저주를 내리시는 표입니다. 하나님께서는 땅에 어두움을 내리심으로 구약성경 전체를 걸쳐 맺으신 언약을 완성하고자 하십니다. 구약시대에 맺으신 언약의 완성이 예수님께서 받으시는 저주를 통하여 이루어집니다. 아담과 그의 후손에게 약속하신 생명이 예수님께서 받으시는 언약의 저주를 통하여 주어집니다.

언약의 저주를 기꺼이 받으신 예수님

언약의 저주는 십자가 자체와 예수님의 절규, 그리고 군중의 희롱을 통하여 나타났습니다. 사람이 죽을 죄를 범하면 나무에 달아 죽였습니다. 그것이 이스라엘의 법이었습니다. 나무에 달린 자는 하나님께 저주를 받았습니다(신 21:23). 예수님의 십자가는 이렇듯 언약의 저주입니다(갈 3:13).

또한 예수님께서는 "나의 하나님, 나의 하나님 어찌하여 나를 버리셨나이까"(34절)라고 절규하셨습니다. 이는 시편 22:1의 인용입니다. 시편 22편은 절망 가운데 하나님의 도우심을 소망하는 찬송입니다. 예수님께서는 다윗의 후손으로서 다윗과 맺은 언약을 성취하시기 위해 이 시편을 의도적으로 인용하셨습니다(삼하 7:9 참고). 하나님으로부터 버림받았다는 말씀은 구원의 소망이 사라졌다는 뜻입니다. 마치 어린 아이가 외출 중 부모의 손을 놓치고 누구에게도 도움을 받을 수 없는 어두운 밤이 된 상태와 같습니다. 죽음의 고통과 음부의 권세 아래 놓인 예수님의 모습이 절규 속에 담겼습니다.

대적들의 조롱 역시 언약의 저주의 한 표입니다(신 28:37). "엘리 엘리 라마 사박다니"라는 말을 들은 군중들은 엘리야를 부른다고 희롱했습니다. 엘리는 '나의 하나님'이라는 뜻입니다. 엘리야는 '나의 하나님은 여호와'라는 뜻입니다. 여호와라는 하나님의 이름은 '약속을 지키시는 하나님'이라는 의미입니다(출 3:15, 6:3~6). 예수님께서 '나의 하나님'이라고 부르시니 대적들은 '너의 하나님이 참으로 약속을 지키시는 여호와가 맞는지 어디 보자'고 조롱합니다.

본문 34절 말씀은 시편 22편을 그대로 반영합니다. 흔히 예수님의 절규가 시편 22:1의 인용이라는 사실을 많이 강조합니다. 동시에 우리는 군중들의 조롱도 시편 22편의 성취임을 깨닫습니다. "나를 보는 자는 다 나를 비웃으며 입술을 비쭉거리고 머리를 흔들며 말하되 그가 여호와께 의탁하니 구원하실 걸, 그를 기뻐하시니 건지실 걸 하나이다"(시 22:7~8). 이 예언의 말씀대로 군중들은 "엘리야가 와서 그를 내려 주나 보자"라고 조소했습니다(36절).

올무가 된 밥상

한 사람이 해면에 신 포도주를 머금게 하고 갈대에 꿰어 예수님께 마시게 했습니다. 신 포도주는 일종의 식초입니다. 이 말씀은 시편 69:21의 인용입니다. "그들이 쓸개를 나의 음식물로 주며 목마를 때에는 초를 마시게 하였사오니." 시편 69편은 다윗이 원수의 조롱을 받을 때 지은 시입니다. 원수들은 먹을 수 없는 쓸개를 음식물로 주고 목이 마를 때 물 대신 초를 주었습니다. 예수님도 대적들로부터 동일한 대접을 받았습니다.

그러나 여기에 놀라운 하나님의 뜻이 드러납니다. 예수님은 마지막 유월절 잔치를 제자들과 함께 하시면서 한 가지 약속을 하셨습니다. "내가 포도나무에서 난 것을 하나님 나라에서 새것으로 마시는 날까지 다시 마시지 아니하리라"고 하셨습니다(막 14:25). 예수님께서는 십자가를 지시기 직전에 포도주를 마시지 않았습니다(23절). 그러나 이제 십자가에서 운명하시기 직전 포도주를 마셨습니다. 이는 바로 하나님 나라에서 새것으로 마셨다는 뜻입니다. 십자가는 하나님께서 자기 백성들에게 약속하신 하나님 나라가 임하는 현장입니다.

동시에 예수님의 포도주 먹음은 나실인의 규례를 따른 행위입니다. 하나님 앞에서 특별한 직무를 서약한 나실인은 포도와 관련된 어떤 음식도 먹을 수 없습니다(민 6:1~3). 그러나 서약한 모든 직무를 완성한 뒤에는 포도주를 마셨습니다(민 6:20). 예수님께서는 아버지 하나님의 뜻대로 구속사역을 완성하셨습니다. 하나님께서 자기 백성들에게 맹세하신 언약을 온전히 이루셨습니다.

더불어 대적들이 쓸개와 초로 베푼 밥상을 증거물이 되게 하셨습니다. 대적들은 조롱을 하고자 쓸개와 식초로 밥상을 주었지만 예수님께서는 오히려 그것을 기꺼이 그것을 받으심으로 하나님의 언약을 성취하는 도구로 바꾸셨습니다. 그래서 시편 69:22은 "그들의 밥상이 올무가 되게 하시며"라고 했습니다. 우리 주님에게는 먹을 수 없는 음식을 주면서 자기들은 편안하게 앉아 음식을 즐기는 모습입니다. 이 얼마나 가증한 행동입니까! 저들은 이웃 사랑이라는 언약의 말씀인 십계명의 대강령을 따라 살았다고 자부하는 자들입니다. 그러나 실상은 그 법을 헌신짝처럼 버린 자들이었습니다. 그래서 시편 저자는 그들의 밥상이 올무가 될 것이라 했습니다. 대적들은 예수님께 해면에 포도주를 적셔 먹게 만듦으로 먹을 수 없는 밥상을 차렸습니다. 그러나 예수님께서는 기꺼이 그 밥상을 받음으로 저들이 하나님 나라의 대적이요, 여자의 후손의 발꿈치를 상하게 하는 사단의 후손들임을 증거했습니다. 사단의 후손들은 예수님께는 먹을 수 없는 밥상을 제공하고 자기들은 따뜻한 밥상을 차려 먹음으로 스스로 그 정체를 드러냈습니다.

주님의 몸이 찢어지다

예수님께서는 큰 소리를 지르시고 운명하셨습니다. 그러자 성소 휘장이 위로부터 아래로 찢어져 둘이 되었습니다. 히브리서 10:19~20은 이 사건을 명료하게 해석했습니다. "그러므로 형제들아 우리가 예수의 피를 힘입어 성소에 들어갈 담력을 얻었나니 그 길은 우리를 위하여 휘장 가운데로 열어 놓으신 새로운 살 길이요 휘장은 곧 그의 육체니라."

휘장은 예수님의 육체였습니다. 예수님의 몸은 마치 휘장이 찢어져 둘이 되듯이 그와 같이 찢어졌습니다. 이러한 주님의 몸의 찢어짐은 하나님께서 이스라엘 백성들과 언약을 맺으실 때 나타난 모습입니다. 아브라함에게 언약을 주실 때에 삼 년 된 암소와 암염소와 숫양을 쪼개어 마주 보게 했습니다(창 15:9~10). 그리고 하나님께서 타는 횃불로 나타나셔서 쪼갠 고기 사이로 지나셨습니다(창 15:17). 이는 언약이 하나님의 맹세임을 가르칩니다(신 29:12~13). 하나님께서는 아브라함에게 자신이 약속한 것을 반드시 지키며, 혹 그 언약을 지키지 않을 때에는 짐승이 쪼개어 죽는 것처럼 그와 같은 언약의 저주를 기꺼이 받으실 것을 보여주셨습니다. 그러므로 성소 휘장의 찢어짐은 예수님께서 친히 언약의 저주를 받으셨으니 택함 받은 백성들은 담대히 하나님의 보좌로 나아가는 길이 열렸음을 나타냅니다.

시내 산에서 언약을 선포하신 후에도 이와 유사한 내용이 소개되었습니다. 번제와 화목제의 소 피를 받아 반은 제단에 뿌리고, 다른 반은 언약을 준행하겠다고 서약한 백성에게 뿌렸습니다(출 24:5~8). 그 피가 바로 "언약의 피"입니다. 그 피는 언약이 이루어졌다는 증거입니다. 예수님께서 십자가 위에서 피 흘리심으로 하나님의 언약이 완성되었음을 증거했습니다. 그래서 예수님께서는 유월절 잔치에서 포도주를 주시면서 "언약의 피"라고 선언했습니다(마 26:28).

이러한 것들은 하나님의 언약이 온전해 질 때까지 비유였습니다(히 9:9). 이 구약의 예법들은 육체의 예법으로, 개혁할 때까지 맡겨두었습니다(히 9:10). 우리 고백서는 이것들이 오실 메시아를 예표하였고, 성령의 사역으로 그 시대에 피택자들로 하여금 약속된 메시아를 믿도록 교훈하고 세우기에 충분하고 효과적이었다고 합니다(신앙고백서 7:5).

천상의 낙(樂)을 누리는 교회

우리 주님께서는 죄가 없으십니다. 그럼에도 불구하고 그분께서 십자가에서 하나님의 저주를 받은 것은 우리의 죄 때문입니다. 우리가 받아야 할 언약의 저주를 대신 받으셨습니다.

사단은 여자의 후손의 발꿈치를 상하게 했지만 여자의 후손으로 오신 예수님께서는 사단의 머리를 상하게 하셨습니다. 십자가를 통하여 교회는 왕 같은 제사장이 되었습니다. 교회는 말씀과 성례를 통하여 눈높이를 낮추어 자신을 주신 하나님을 향유하는 천상의 낙(樂)을 누립니다(신앙고백서 7:1).

1. 하나님께서 아담과 맺으신 은혜언약은 누가 그리고 어떻게 완성하셨습니까?

2. 예수님께서 십자가에 달리실 때에 임한 어두움의 두가지 의미를 말해봅시다.

3. 시편 69편 21절과 22절이 어떻게 성취되었는지 각각 설명해봅시다.

4. 예수님께서 흘리신 피가 지니는 의미를 출애굽기 24:5~8과 관련하여 답해봅시다.

5. 말씀과 성례가 각각 어떻게 교회에게 낙(樂)이 되는지 설명해 봅시다.

7

하늘 문을 여신 중보자 예수님

히브리서 9:11~28 | 고백서 8장 중보자 그리스도

고백서
8장 중보자 그리스도

8.1 하나님께서는 영원한 목적으로 자기의 독생자 주 예수님을 자기와 사람 사이의 중보자로, 선지자와 제사장과 왕으로, 교회의 머리와 구주로, 만물의 상속자와 세상의 심판주로 선택하고 세우기를 기뻐하셨다. 하나님께서는 이분의 씨가 되고, 정한 때에 이분으로 말미암아 구속과 소명과 칭의와 성화와 영화를 받게 하실 한 백성을 이분에게 영원 전에 주셨다.

8.2 삼위일체의 두 번째 위격이신 하나님의 아들께서는 참되시고 영원하신 하나님이시며, 아버지와 한 실체를 가지시고 동등하시지만 때가 차매 사람의 본성을 취하셨는데, 인성의 모든 본질적 속성과 사람에게 공통된 연약함까지 지니셨으나 죄는 없으시다. 이분은 성령의 능력으로 동정녀 마리아의 태에서 마리아의 실체로부터 잉태되셨다. 그러므로 온전하고 완전하며 구별되는 이 두 본성, 곧 신성과 인성은 전환이나 합성이나 혼합이 아니라 한 위격 안에서 불가분리하게 함께 결합하였다. 이 위격은 참 하나님이시요 참 사람이시지만, 그럼에도 한 분 그리스도이시고 하나님과 사람 사이의 유일한 중보자이시다.

8.3 주 예수님께서는 이처럼 신성과 연합한 인성에서 성령으로 한량없이 거룩하여 지셨고 기름 부음을 받으셨다. 지혜와 지식의 모든 보화를 가지셨기에 아버지께서 모든 충만이 그분 안에 거하는 것을 기

뻐하셨으니, 이는 예수님이 거룩하고 악이 없고 더러움이 없고 은혜와 진리가 충만하시어, 중보자와 보증의 직무를 수행하시기에 완전하게 구비되도록 하시려는 목적을 위함이었다. 예수님은 이 직무를 스스로 지신 것이 아니라, 모든 권세와 심판권을 그의 손에 맡기시고 그것을 수행하라고 명령하신 아버지로부터 이 직무로 부르심을 받으셨다.

8.4 주 예수님께서는 이 직무를 아주 기꺼이 맡으셨다. 그 직무를 실행하시려고 율법 아래 나서서 그것을 완전하게 성취하였다. 영혼으로는 직접 지극히 극심한 고뇌를, 몸으로는 지극히 괴로운 고난을 감내하시고, 십자가에 못 박혀 죽으셨고, 매장되었고 사망의 권세 아래 계셨으나 썩음을 보시지는 않았고, 제 삼일에는 고난 받으신 그 동일한 몸으로 죽은 자들 가운데서 부활하셨다. 또한 그 몸으로 하늘로 오르셨고 아버지의 우편에 앉아 중보 기도를 하고 계신다. 그리고 세상 끝 날에는 사람과 천사를 심판하러 오실 것이다.

8.8 그리스도께서는 자기가 위하여 구속을 획득하신 모든 자들에게 그 구속을 확실하고 효력 있게 적용하시고 전달하신다. 곧 그들을 위하여 중보 기도를 하시며 말씀 안에서 그리고 말씀을 통하여 구원의 비밀을 계시하시며, 자기 성령으로 말미암아 효력 있게 설득하시어 그들이 믿고 순종하게 하시며, 말씀과 성령으로 그들의 마음을 다스리시며, 그들의 모든 원수들을 전능하신 권세와 지혜로, 자기의 기이하고 측량할 수 없는 경륜에 지극히 잘 상응하는 방식과 방도로 정복하신다.

7 하늘 문을 여신 중보자 예수님
히브리서 9:11~28 | 고백서 8장 중보자 그리스도

제사와 피 뿌림의 한계

아담과 하와의 범죄 이후, 사람은 하나님을 찾지도, 하나님의 뜻을 구하지도 않으며 하나님과 원수 되었습니다. 이러한 모습은 죄 아래 있는 인간의 본성입니다. 사람은 공중 권세 잡은 자에게 복종하여 자기를 위해 살고 자기를 우상으로 섬기며 삽니다(엡 2:2). 그럼에도 불구하고 하나님께서는 구약시대의 백성들에게 사랑의 선물을 주셨습니다. 곧 하나님을 알고, 만나 교제할 수 있는 길을 여셨습니다. 그 중에 하나가 제사제도입니다.

제사는 속죄를 목표로 합니다. 번제, 화목제, 속건제, 속죄제는 죄와 직접적으로 관계됩니다. 제사에는 짐승이 빠질 수 없는데 모든 짐승은 사람을 대신합니다. 제사 드리는 사람은 짐승의 머리에 손을 얹어 안수합니다(레 1:4, 3:2, 4:4). 사람의 죄를 깨끗하게 하려고 짐승을 죽여 태우고 피를 받아 정해진 곳에 뿌립니다. 피를 뿌리는 일은 정결의 표이기도 합니다. 번제단을 깨끗하게 할 때나 문둥병이 정결하게 되었다는 표를 삼을 때도 같은 의미를 갖습니다(레 8:15, 14:1~9).

그러나 이러한 제사와 피 뿌림은 한계가 있습니다. 그래서 히브리서 저자는 이러한 것들을 그림자와 모형이라 합니다(23~24절). 또한 성소에 들어가는 길이 아직 나타나지 아니하였다고도 합니다(8절). 하나님께서는 이러한 모형과 그림자의 시대를 마감하셨습니다.

하나님께서는 친히 중보자를 보내셨습니다. 고백서는 이를 "하나님께서는 영원한 목적으로 자기의 독생자 주 예수님을 자기와 사람 사이의 중보자로" 세우셨다고 합니다(신앙고백서 8:1). 예수님께서는 아버지로부터 이 직무로 부름 받으셨고 기꺼이 직무를 맡으셨습니다(신앙고백서 8:3~4). 예수님께서는 새 언약의 중보자이십니다. "하나님은 한 분이시요 또 하나님과 사람 사이에 중보자도 한 분이시니 곧 사람이신 그리스도 예수라"(딤전 2:5).

대제사장이신 예수님

히브리서 9장은 예수님을 장래 좋은 일의 대제사장이라 합니다(11절). 예수님의 대제사장 되심은 아론의 반열이 아니라 멜기세덱의 반열입니다. 멜기세덱은 의의 왕이요 평강의 왕입니다. 그는 아비도 없고 어미도 없고 족보도 없고 시작한 날도 없고 생명의 끝도 없는 분입니다(히 7:3). 예수님의 대제사장 되심은 사람의 족보로부터 시작되지 않습니다. 마치 멜기세덱의 기원이 피조물에 매이지 않듯이 예수님의 대제사장 되심도 그러합니다. 이 면에서 예수님께서는 완전한 신성을 가지셨습니다(신앙고백서 8:2).

구약의 대제사장이 행한 속죄 사역이 그림자라면 예수님의 피 흘림은 실체입니다. 대제사장은 일 년에 하루 대속죄일에 지성소에 들어갔습니다. 아론은 자기와 자기 집안을 위해 수송아지 피를 속죄소 동편과 앞에 일곱 번 뿌렸습니다. 또한 백성의 죄를 제거하기 위해서 염소의 피로 속죄소 위와 앞에 뿌렸습니다(레 16:15~16). 예수님께서는 모든 백성의 죄를 제거하기 위해 자기 피로 영원한 속죄를 이루셨습니다. 그리하여 단번에 성소에 들어가셨습니다(12절).

구약의 대제사장은 해마다 새로운 제물의 피를 들고 나아갔습니다(25절). 구약 제사장들의 속죄 사역은 늘 불완전하였습니다. 그러나 예수님께서는 자신를 단번에 드렸습니다. 그리하여 예수님께서는 구약의 대제사장이 행한 모든 사역을 성취하였습니다. 예수님께서는 자기에게 주어진 직무를 실행하시려고 율법 아래 나서서 그것을 완전하게 성취하셨습니다(신앙고백서 8:4). 우리 주님이야말로 우리의 죄를 속하는 진정한 대제사장이십니다(히 7:27 참고).

새 언약의 중보이신 예수님

하나님과 사람의 관계를 회복하는 이를 중보자라 합니다. 사람이 죄를 지음으로 하나님과 원수 되었습니다. 예수 그리스도는 하나님과 사람의 원수 관계를 회복하셨습니다. 그분의 죽으심과 피 흘림이 중보 사역의 근거입니다. 그래서 16~17절은 "유언은 유언한 자가 죽어야 되나니 유언은 그 사람이 죽은 후에야 유효한즉 유언한 자가 살아 있는 동안에는 효력이 없느니라"고 합니다.

우리는 여기에서 약간의 혼란을 경험합니다. 본문 15절은 예수님을 "새 언약의 중보"라고 합니다. 하지만 16~17절은 그분의 죽으심을 '유언'이라는 측면에서 설명합니다. 한글 성경은 언약의 중보를 설명하기 위해 유언이라는 용어를 선택했습니다. 하지만 유언이라는 말을 언약이라는 용어로 바꾸어도 무방합니다. 15절의 '언약'이라는 헬라어 단어와 16~17절의 '유언'이라는 단어는 모두 같습니다. 곧 언약입니다(디아데케,

διαθήκη). 예수님의 죽으심이 새 언약의 중보인데, 그 중보자로서의 효력이 발휘되기 위해서 충족시켜야 할 조건을 16~17절은 설명합니다. 그래서 두 구절을 다시 번역하면 이렇게 됩니다.

"왜냐하면 언약을 확증하기 위해서는 죽음이 필요합니다. 언약은 죽음을 통해 확증되며, 언약을 확증시켜 주는 것이 살아 있을 때에는 결코 효력이 없기 때문입니다."

예수님께서 새 언약의 중보자로서 그 사역을 완성하기 위해서 반드시 죽어야 함을 강조했습니다. 마치 희생제물의 죽음을 통해 언약이 견고하게 되듯이 말입니다.

우리 본문은 이 면을 더 잘 드러내기 위해 곧장 출애굽기 24장을 예로 듭니다. 출애굽기 24장은 시내 산 언약의 마지막 부분입니다. 하나님께서는 모세를 중보자로 세우시고 이스라엘 백성과 더불어 언약을 맺습니다(출 19:4~6). 그 언약의 핵심은 이스라엘이 제사장 나라와 거룩한 백성이 되는 것입니다. 제사장 나라와 거룩한 백성 됨은 아브라함 언약에서 큰 민족, 땅에 대한 약속, 그리고 복의 근원이 됨과 직접적으로 연결됩니다. 즉, 아브라함과 맺은 언약과 본질적으로 같습니다. 단지 내용이 더 구체화되었습니다. 아브라함 언약을 한마디로 요약하면 하나님 나라입니다. 시내 산 언약에서는 그 나라가 구체적으로 '제사장 나라'와 '거룩한 백성'이 되는 것입니다.

이 약속이 어떻게 확증됩니까? 짐승의 피를 모세가 취하여 절반은 단에 뿌리고 다른 절반은 이스라엘 백성들에게 뿌렸습니다(출 24:6~8). 그때, 모세가 백성에게 피를 뿌리면서 "언약의 피"라 선언했습니다. 히브리서 본문은 "그 책과 온 백성에게 뿌려"라고 합니다(19절). 그 책은 율법을 기록한 언약서를 말합니다. 피 뿌림은 죽음이며 그 죽음을 통하여 하나님과 이스라엘 사이에 맺은 언약은 확증되었습니다.

그렇다면, 예수님의 죽음은 언약을 확증시키는 표가 됩니다. 이는 "새 언약"입니다. 이 표현은 첫 것(히 8:13), 첫 언약(1,15,18절)과 대비되는 언약의 특징을 제공합니다. 곧 새 언약은 예레미야 31:31~33에 소개된 내용입니다. 하나님의 법이 백성들의 마음에 기록되어(돌 판에 기록되지 않고) 여호와께서 그들의 하나님이 되시고 그들은 하나님의 백성이 되는 것입니다. 이것은 오순절 성령강림을 통하여 온전히 성취되었습니다. 성령님께서는 택하신 백성들 가운데 거주하십니다. 그리고 그 백성들 가운데 역사하셔서 그리스도의 피 흘림과 죽음이 하나님과 자기 백성의 관계를 회복하는 중보자이심을 믿게 하셨습니다. 그래서 고백서는 "그리스도께서는 자기가 위하여 구속을 획득하신 모든 자들에게 그 구속을 확실하고 효력 있게 적

용하시고 전달하신다."라고 합니다(신앙고백서 8:8). 뿐만 아니라 이
러한 일을 행하시는 성령님의 사역을 "자기 성령으로 말미암
아 효력 있게 설득하시어 그들이 믿고 순종하게 하시며"라고
했습니다(신앙고백서 8:8). 참으로 예수 그리스도의 죽음과 피 흘림
은 성령님의 사역으로 우리를 하나님의 백성 되게 만드십니
다.

하늘 문을 여시고

그리스도께서는 죽으시고 피를 흘림으로 단번에 성소에 들
어가셨습니다(12절). 그러나 그리스도께서는 그림자인 손으로 만
든 성소에 들어가지 아니하시고 오직 그 하늘에 들어가셨습니
다(24절). 12절은 성소에 들어가셨다고 하는 반면, 24절은 그 하
늘에 들어가셨다고 합니다. 그리스도께서 들어가신 곳은 땅
위의 성소입니까? 그 하늘입니까?

예수님께서는 자신의 몸이 참 성전이라 가르쳤습니다(요
2:19~21). 이제 눈에 보이는 문자적 성전, 곧 도시 예루살렘 중심
에 있는 그 성전 대신 진정한 성전이 준비되었습니다. 예수님
께서 참 성전이십니다. 이러한 이해는 신약성경 여러 곳에서
더 분명하게 드러납니다. 예수님의 피 흘림과 죽음이 영생을
준다는 믿음, 그 믿음을 가진 성도들이 그리스도의 몸이요 새
로운 성전입니다(고전 3:16; 고후 6:16). 곧 교회가 새로운 성전입니다

(엡 2:20~22).

하지만 본문은 예수님께서 참 성전에 들어가셨다 하지 않고 "그 하늘"에 들어가셨다고 했습니다. 예수님께서는 부활하시고 승천하셨습니다. 하나님의 보좌가 계신 하늘에 들어가셨습니다. 그곳에서 자기 백성들을 불러 참 성전으로 만드십니다. 하늘보좌는 참 성전인 교회가 궁극적으로 다다를 곳입니다.

마지막으로 본문은 예수 그리스도의 죽음의 성격을 규정합니다. 27절입니다. "한번 죽는 것은 사람에게 정해진 것이요 그 후에는 심판이 있으리니"라고 했습니다. 28절에서는 그리스도도 이와 같다고 했습니다. 우리는 여기에서 중보자 그리스도께서 인성의 본질적 속성과 사람에게 공통된 연약함까지 지니셨으나 죄가 없으심을 깨닫습니다(신앙고백서 8:2).

하늘 보좌에 앉으신 그리스도는 참 성전이 된 교회를 자신의 신부와 몸으로 삼으셨습니다. 하늘의 왕으로 보좌에 앉으신 그분은 신부를 위하여 중보 기도를 하고 계시며, 세상 끝 날에는 사람과 천사를 심판하러 오실 것입니다(신앙고백서 8:4).

| 함께 생각할 문제

1. 구약의 제사제도가 하나님의 선물인 이유는 무엇입니까?

2. 구약의 대제사장 직무를 신약의 대제사장이신 예수님께서 어떻게 성취하셨습니까?

3. 하나님께서 약속하신 새 언약은 무엇이며, 이 언약을 확증시키는 표는 무엇입니까?

4. 교회가 새로운 성전이 되었다는 것이 오늘날 우리에게 어떻게 위로가 됩니까?

8

거절할 수 없는 부름

사도행전 9:1~22 | 고백서 10장 효력 있는 소명

10장 효력 있는 소명

10.1 하나님께서는 생명으로 예정하신 모든 이들, 그리고 이들만을 자기가 정하시고 용납하신 때에 이들이 본성적으로 처해 있는 죄와 사망의 상태로부터 예수 그리스도로 말미암은 은혜와 구원으로 말씀과 성령을 통하여 효력 있게 부르기를 기뻐하신다. 이들의 마음을 밝히시어 하나님의 일을 구원에 이르도록 영적으로 알게 하시고 돌 같은 마음을 제거하시고, 살 같은 마음을 주시고, 의지를 새롭게 하시고, 전능하신 능력으로 그들이 선을 향하도록 정하시고 효력 있게 예수 그리스도께로 인도하신다. 그렇지만 그들은 은혜로 인하여 기꺼이 자원하게 되어 아주 자유롭게 예수 그리스도께로 나아간다.

10.2 이 효력 있는 소명은 결코 사람 속에 미리 보여진 어떤 선행이 아니라 오직 하나님의 값없고 특별한 은혜에서 나온다. 사람은 성령으로 말미암아 소생되고 새롭게 될 때까지 이 선행에서 완전히 피동적이며, 성령으로 말미암아 소생되고 새롭게 되어야 이 소명에 응답할 수 있으며 소명에 제공되고 전달된 은혜를 포용할 수 있다.

8 거절할 수 없는 부름

사도행전 9:1~22 | 고백서 10장 효력 있는 소명

사단의 사자(使者)가 등장하다

구제불능의 악인이 예수님을 영접하는 일은 흔치 않습니다. 하지만 불가능한 일은 아닙니다. 복음을 도저히 받지 않을 사람처럼 보이는 이가 예수 그리스도를 구주로 고백하는 것을 볼 때 우리는 삼위 하나님의 위대함을 찬양합니다. 택한 백성에 대한 하나님의 부르심은 작열하는 태양의 뜨거움보다 더 강렬합니다. 사울은 그 뜨거운 부름을 받았습니다.

사울은 소읍(小邑)이 아닌 길리기아 다소 출생입니다(행 21:39). 그곳은 로마 장군 안토니우스와 이집트의 권력자 클레오파트

라가 만나 정치적 협력관계를 맹약하는 장소였습니다. 지금도 그 도시에는 클레오파트라 게이트가 유적으로 남아있습니다. 사울은 나면서부터 로마 시민권을 가졌습니다(행 22:28).

그는 팔일 만에 할례를 받았고 베냐민 지파의 후예이며 히브리인 중의 히브리인으로 바리새인이었습니다(빌 3:5). 고향 다소를 떠나 예루살렘으로 유학하여 가말리엘 문하에서 율법을 연구한 차세대 지도자였습니다(행 22:3). 그런 그가 교회의 대적으로 등장했습니다. 돌을 들어 스데반을 죽이는 유대인들의 옷을 맡았습니다(행 7:58). 사울은 스데반의 죽음을 당연한 일로 받았습니다(행 8:1). 그의 종교적 열정은 남달랐습니다.

사울은 각 집에 들어가 예수님을 믿는 자들을 옥에 넘겼고 박해하였으며 심지어 사람을 죽이기까지 했습니다(행 8:3, 22:4). 후일 그의 고백을 들어봅시다. "내가 이전에 유대교에 있을 때에 행한 일을 너희가 들었거니와 하나님의 교회를 심히 박해하여 멸하고 내가 내 동족 중 여러 연갑자보다 유대교를 지나치게 믿어 내 조상의 전통에 대하여 더욱 열심이 있었으나"(갈 1:13~14). 여기 "교회를 심히 박해하여 멸하고"라고 했을 때, '멸하다'는 말은 폭력을 동반한 행동을 뜻합니다. 또한 이 단어의 시제는 미완료입니다. 헬라어에서 미완료시제는 단회적인 행동을 의미하지 않고 지속적으로 행했다는 의미를 갖습니다. 그래서 본문도 "주의 제자들에 대하여 여전히 위협과 살기가 등등하여"라고 했습니다(1절). 주님의 백성들에게 사울은 먹이를 낚아채기 위해 울부짖는 사단의 사자였습니다.

하늘의 빛이 사단의 사자를 정복하다

사울의 그릇된 종교적 열정은 멈출 줄 몰랐습니다. 스데반의 죽음을 계기로 많은 그리스도인들이 예루살렘을 떠났습니다. 사울은 그들의 뒤를 쫓아가 교회를 제거하기로 마음먹었습니다. 그리하여 먼 이방지역으로 가는 것도 마다하지 않았습니다. 다메섹의 교회가 첫 번째 먹잇감이었습니다.

다메섹에 가까웠을 때에 갑자기 하늘로서 빛이 비추었습니다. 부활하시고 하늘 보좌에 앉으신 예수님께서 사울을 향하여 말씀의 검을 겨누셨습니다. "사울아 사울아 네가 어찌하여 나를 박해하느냐?" 사실, 사울은 예수님을 믿는 교회를 핍박했지 예수님을 핍박하지는 않았습니다. 그러나 지극히 작은 자 하나에게 하지 아니한 것이 곧 예수님께 하지 아니한 것입니다(마 25:45). 이를 두고 어거스틴은 "몸이 땅에서 고통당하자 머리가 하늘에서 외쳤다"라고 했습니다. 예수님께서는 성으로 들어갈 것을 명령하셨습니다. 너무나 강렬한 빛 앞에 사울은 아무것도 볼 수 없었습니다. 성으로 들어간 사울은 삼 일 동안 보지 못했고 아무것도 먹지 못했습니다.

사울은 율법을 연구한 학자였고 그 법을 생명과 같이 귀하게 여겼습니다. 그 율법은 눈이 멀고 먹지 못하는 것을 언약의 저주라 했습니다. "여호와께서 또 너를 미치는 것과 눈 머는 것과 정신병으로 치시리니 맹인이 어두운 데에서 더듬는 것과 같이 네가 백주에도 더듬고 네 길이 형통하지 못하여"(신 28:28~29). 사울은 눈이 멀어 언약의 저주 가운데 놓였습니다. 삼일 동안 먹지 못하는 것 역시 언약의 저주입니다(신 28:31).

사울은 예수님의 십자가 죽음을 율법의 가르침을 따라 이해했습니다. 신명기 21:23은 "나무에 달린 자는 하나님께 저주를 받았음이니라"고 했습니다. 그래서 사울은 이 율법에 근거하여 십자가에 달려 돌아가신 예수님은 하나님으로부터 저주받았다고 생각했습니다. 그러니 그에게 그리스도인들은 신성모독자들이요, 마땅히 제거해야 될 대상으로 보였습니다. 예수님과 그의 백성들을 저주 받은 자들이라 생각했는데, 오히려 이제 자신이 그들처럼 언약의 저주를 받은 자가 되었습니다. 사울의 눈멂과 먹지 못함은 그가 듣기에 둔한 귀와 감긴 눈을 가져 마음이 완악한 자임을 선포하는 무언의 징표였습니다(마 13:15; 사 6:9~10 참고). 사울은 하루살이는 걸러내고 낙타는 삼키는 맹인이 된 인도자였습니다(마 23:24).

저주 가운데 놓인 사울에게 하늘에서 다시 계시가 주어졌습니다. 예수님께서 그를 증인으로 삼겠다고 하셨습니다. 이스라엘과 이방인들의 눈을 뜨게 하여 그들을 어둠에서 빛으로,

사탄의 권세에서 하나님께로 돌아오게 하는 사역을 할 것이라 하셨습니다(행 26:16~18). 그러므로 삼 일 간의 눈멂과 먹지 못함은 언약의 저주임에는 틀림없었지만 다른 한편으로 그 시간은 사울이 모든 것을 확연히 깨닫는 환희의 시간이었습니다. 이를 두고 예수님께서는 사울이 기도하는 중이라고 하셨습니다(11절).

사단의 사자를 천국의 사자로

하나님의 섭리는 오묘하였습니다. 다메섹의 제자 아나니아는 하나님으로부터 계시를 받았습니다. 그는 직가라는 거리에 가서 유다 집에 거하는 다소 사람 사울을 찾아 하나님의 계시를 전달했습니다. 주께서는 아나니아에게 사울이 자신이 택한 그릇이라 했습니다. 그리하여 아나니아는 사울에게 안수했습니다. 이는 공적 위임의 표입니다. 안수는 사울이 하나님의 그릇이 되어 이방의 사도가 되는 표입니다.

아나니아는 사울을 향하여 "형제 사울아"라고 했습니다. 그리고 예수님께서 그의 눈을 뜨게 하시며 성령으로 충만하게 하신다고 했습니다. 사울은 즉시 보게 되었고 일어나 세례를 받았으며 음식을 먹어 강건해졌습니다. 우리는 아나니아를 다메섹교회의 일원이자, 그 교회를 대리하는 자로 이해해야 합니다.

교회를 핍박하기 위해 온 자를 안수하여 이방인의 사도임을 확증했고 동시에 형제로 받았습니다. 바로 그 교회가 눈을 뜨게 하고 세례를 주었으며, 양식을 제공했습니다. 19절 말씀에 사울은 다메섹 제자들과 함께 있었다고 말합니다. 이는 교회의 일원이 되어 교회와 더불어 교제했음을 의미합니다. 긍휼에 풍성하신 하나님께서는 사단의 올무에 걸린 택한 백성을 때가 되매 자신의 사자로 부르셨습니다. 진실로 하나님의 부르심은 결코 사람 속에 미리 보여진 어떤 선행이 아니라 오직 하나님의 값없고 특별한 은혜에서 나옵니다(신앙고백서 10:2).

사울은 후일에 갈라디아교회에게 자신의 회심을 소개하면서 다음과 같이 고백했습니다. "내가 이전에 유대교에 있을 때에 행한 일을 너희가 들었거니와 하나님의 교회를 심히 박해하여 멸하고 내가 내 동족 중 여러 연갑자보다 유대교를 지나치게 믿어 내 조상의 전통에 대하여 더욱 열심이 있었으나 그러나 내 어머니의 태로부터 나를 택정하시고 그의 은혜로 나를 부르신 이가 그의 아들을 이방에 전하기 위하여 그를 내 속에 나타내시기를 기뻐하셨을 때에"(갈 1:13~16).

여기 다시 사울의 놀라운 고백이 나타납니다. "내 어머니의 태로부터 나를 택정하시고 그의 은혜로 나를 부르신 이가" 사울이 태어나기 전부터 하나님께서는 그를 택정하셨습니다(참고. 엡 1:4~5). 주님의 부르심은 선택에 근거합니다. 그리고 그분의 은혜로 사울을 부르셨다고 했습니다. 하나님께서는 생명으로 예정하신 모든 이들, 그리고 이들만을 자기가 정하시고 용납하신 때에 이들이 본성적으로 처해 있는 죄와 사망의 상태로부터 예수 그리스도로 말미암은 은혜와 구원으로, 말씀과 성령을 통하여 효력 있게 부르기를 기뻐하십니다(신앙고백서 10:1). 참으로 하나님께서는 사울의 마음을 밝히시고, 돌 같은 마음을 제거하여, 살 같은 마음을 주시고, 의지를 새롭게 하시고, 선을 향하도록 정하시고 예수 그리스도께로 인도하셨습니다(신앙고백서 10:1).

천국의 사자가 사단의 권세를 무너뜨리다

사울은 즉시 각 회당에서 예수님께서 하나님의 아들이심과 그리스도이심을 전파했습니다(20,22절). 사울은 주님께서 자신의 이름을 이방인과 임금들과 이스라엘 자손들 앞에 전하기 위하여 택하신 그릇이었습니다(15절). 그 스스로도 사도 베드로와 자신을 비교하여 말하길, "그를 할례자의 사도로 삼으신 이가 또한 내게 역사하사 나를 이방인의 사도로 삼으셨느니라"고 했습니다(갈 2:8; 롬 15:16). 옛 언약 백성에게 주어진 특권인 '제사장 나라와 거룩한 백성'됨은 사도 바울의 사역을 통하여 이제 건설될 교회로 이양됩니다(참고. 벧전 2:9). 사울은 옛 언약 백성의 문을 닫고 새 언약 백성의 문을 여는 하나님의 사자가 되었습니다.

사울은 자신에게 주어진 직무를 즉시 행했습니다. 하나님 나라의 사도로 부름 받은 사울은 공중권세 잡은 자에게 복종하며 사는 불순종의 아들들인 다메섹의 유대인들을 굴복시켰습니다(22절). 효력 있게 그리스도께로 인도된 자들은 은혜로 인하여 기꺼이 자원하게 되어 아주 자유롭게 그리스도께로 나아갑니다(신앙고백서 10:1).

부름 받은 대로 사울은 이방인의 사도로 그 직무에 생명을 바쳤습니다. 예수님께서는 복음 때문에 그가 받아야 할 고난을 말씀하시길, "그가 내 이름을 위하여 얼마나 고난을 받아야 할 것을 내가 그에게 보이리라"고 했습니다(16절). 이 예언의 말씀대로 사울은 옥에 갇히고 매도 수없이 맞았으며, 여러 번 죽을 뻔 하였고, 온갖 위험을 당했으며, 주리고 목마름을 기꺼이 감당했습니다(고후 11:23~27). 효력 있는 부르심을 받은 성도는 어떠한 핍박과 어려움이 와도 즐거이 감당합니다. 이런 사람은 세상이 감당치 못합니다(히 11:38).

1. 사울이 교회를 핍박했던 행적을 요약해봅시다.

2. 사울이 다메섹으로 가던 중 예수님을 만난 후 보지도 먹지도 못 하게 된 일의 의미는 무엇입니까?

3. 사울이 회심한 후 어떤 고백을 했습니까? 이를 통해 볼 때, 하 나님의 부르심은 무엇에 근거합니까?

4. 사도 바울은 회심 후 복음 때문에 고난을 받았습니다. 여러분이 복음 때문에 고난 받은 내용은 무엇입니까? 함께 토론하여 보세요.

9

악취나는 죄인을 의인이라 부르시네!

로마서 4:17~25 | 고백서 11장 칭의

11장 칭의

11.1 하나님께서는 효력 있게 불러주신 자들을 또한 값없이 의롭게 하시는데, 이들에게 의를 주입함으로써가 아니라, 이들의 죄를 용서하시고 이들을 의로운 자로 용납하심으로 의롭게 하신다. 이는 이들 속에 행한 바나 이들이 이룬 바가 아니라 그리스도의 덕분 때문이다. 또 믿음 자체, 믿는 행위나 혹은 어떤 복음적인 순종을 그들의 의로 여겨 그들에게 전가함으로써가 아니라 그리스도의 순종과 속상을 그들에게 돌림으로써 이루신다. 믿음으로 이들은 그리스도와 그분의 의를 받아 의지한다. 이 믿음은 이들에게서 난 것이 아니라 하나님의 선물이다.

11.2 그리스도와 그분의 의를 받아 의지하게 하는 믿음은 칭의의 유일한 도구이다. 그러나 의롭다 함을 받은 사람에게 이 믿음만 있지 않고, 구원에 이르게 하는 모든 다른 은혜들이 항상 이 믿음을 동반한다. 즉 믿음은 죽은 믿음이 아니라 사랑으로 역사한다.

11.3 그리스도께서는 친히 순종하시고 죽으심으로 의롭게 하신 모든 이들의 죄의 빚을 다 갚아 주셨고, 이들을 대신하여 아버지의 공의를 온전하고 참되고 충분하게 속상하셨다. 그러나 아버지께서 그분을 그들에게 주셨고, 그들 속에 있는 어떤 것이 아니라 그들 대신에 값없이 그분의 순종과 속상을 용납하신 만큼, 그들의 칭의는 오직 값없는 은혜에서 난 것이다. 이는 하나님의 엄정한 공의와 풍성한 은

혜가 죄인들의 칭의를 통하여 영광 받게 하기 위함이다.

11.4 하나님께서는 영원부터 피택자들을 의롭게 하시기로 작정하셨다. 그리고 그리스도께서는 때가 차매 그들의 죄 때문에 죽으셨고 그들의 칭의를 위하여 부활하셨다. 그럼에도 성령께서 적정한 때에 그리스도를 그들에게 실제로 연합시켜 주시기 전에는 의롭다 함을 받은 것이 아니다.

9 악취나는 죄인을 의인이라 부르시네!

로마서 4:17~25 | 고백서 11장 칭의

안디옥교회에 나타난 정체불명의 불청객들

바울과 그를 포함한 다수의 유대인들은 의롭게 되는 비밀을 알고 있다고 착각했습니다. 다메섹 사건 이후 바울에게 찾아온 변화는 자신의 내면에서 시작되지 않았습니다. 변화의 바람은 하늘에서 폭풍처럼 찾아왔습니다. 그 자신도 거부할 수 없는 격렬한 산통이 옥동자를 탄생시켰습니다.

그 옥동자는 바로 예수님의 오심, 삶, 죽음과 부활 그리고 승천이 갖는 의미였습니다. 바울은 그가 그렇게 사랑하고 존중한 율법의 의미가 그리스도를 통하여 모두 성취된 것을 깨달았습니다. 이를 통해 그는 의롭게 됨의 비밀도 깨달았습니다. 자욱한 안개를 헤치고 죽을 고생 끝에 다다른 산 정상에서, 아무것도 보이지 않다가 세찬 바람 한 번에 감추어진 산천의 절경이 순식간에 드러나는 경이로움이 바울을 격동시켰습니다. 이제 바울의 삶은 교회 건설이라는 목표에 맞추어졌습니다.

바울은 바나바와 더불어 안디옥교회를 섬긴 후, 두 사람은 구브로, 비시디아 안디옥, 이고니온, 루스드라, 더베에 교회를 세웠습니다. 그리고 다시 안디옥교회에서 봉사할 즈음, 자신이 옛적에 가졌던 허황된 가르침으로 성도들을 미혹하는 자들을 만났습니다. 유대로부터 온 그들은 사도들과 아무런 관련 없이 자의적으로 형제들을 가르쳤습니다(행 15:1,24). 사도들이 보내지도 않았는데 선생 행세를 했습니다. 정체불명의 이 불청객들은 "모세의 법대로 할례를 받지 아니하면 능히 구원을 받지 못하리라"고 가르쳤습니다(행 15:1).

이러한 가르침은 이들만의 주장은 아니었습니다. 회심하기 전 바울이 그러했고 대부분의 율법사들과 장로들 그리고 바리새인과 서기관들이 그러했습니다. 이와 같은 자들은 로마세계 곳곳에 있었습니다. 하나님께서는 바울을 통하여 의롭게 되는 비밀을 가르쳤습니다. 율법을 지킴으로(혹은 할례를 행함으로) 의롭게 되는 것이 아니라 믿음으로 의롭게 됩니다.

1세기 당시 가장 큰 도시의 교회에서도 의롭게 됨에 대한 다른 생각을 가진 자들이 있었습니다. 바울은 이 교회에게 의롭게 됨의 도리를 명료하게 가르쳤습니다. 여느 교회들처럼 로마의 교회도 유대인들과 이방인들로 구성되었습니다. 특히 유대인들 가운데는 이방인 그리스도인들보다 자신들의 우월하다는 잘못된 생각에 젖어 있는 자들이 많았습니다. 하지만 바울은 유대인의 나음이 무엇이며 할례의 유익이 무엇이냐고 반문합니다(롬 3:1).

유대인들은 율법을 자랑했지만 오히려 율법을 범함으로 하나님을 욕되게 했습니다(롬 2:23). 이방인들 역시 마찬가지였습니다. 그래서 바울은 유대인이나 헬라인이나 모두 죄 아래 있다고 했습니다(롬 3:9). 모든 인류가 율법을 온전히 지킬 수 없기 때문에 율법의 행위로 하나님 앞에서 의롭다고 인정받을 사람은 아무도 없습니다(롬 3:20). 율법 외에 다른 의가 나타나야 합니다. 바로 예수 그리스도를 믿는 믿음으로 말미암는 의입니다(롬 3:21~22).

유대인들은 율법을 자랑하면서 동시에 자신들의 몸에 새겨진 할례도 자랑했습니다. 할례는 하나님의 약속을 신뢰한다는 표입니다(창 17:10~11). 유대인들은 그들 스스로 아브라함의 자손이라는 점을 하나님의 약속을 신뢰한다는 근거로 제시했습니다(요 8:33,39). 그러나 예수님께서는 그들을 향하여 마귀의 자식이라 하셨습니다(요 8:44). 예수님께서 그렇게 거친 표현으로 유대인들을 질타한 이유가 무엇입니까? 그들은 할례만 받았지 아브라함이 가졌던 믿음이 없었기 때문입니다. 유대인들은 육체의 할례를 가졌지만 정작 그 할례가 지향하는 믿음의 내용은 가지지 못했습니다. 그러니 할례가 주는 아무런 유익을 누리지 못할 뿐만 아니라 오히려 아브라함의 자녀가 아니게 되는 결과를 초래했습니다. 아브라함의 자녀가 되기 위해서는 혈통이 중요하지 않습니다. 아브라함의 믿음에 속한 자가 하나님 앞에서 아브라함의 후손입니다(롬 4:16; 갈 3:7).

아브라함의 생애를 통해 배우는 칭의(稱義)

바울은 아브라함의 생애를 통하여 칭의의 의미를 가르쳤습니다. 아브라함은 세 가지 약속을 받았습니다. 씨(큰 민족), 땅(가나안), 복의 근원입니다(창 12:1~7). 여호와로부터 받은 세 가지 약속 중에 어느 것 하나 즉시로 주어지지 않았습니다. 25년을 기다린 끝에 이삭을 선물로 받았고, 아내 사라가 죽자 가나안 땅의 한 부분인 막벨라를 소유할 수 있었습니다. 그러나 아브라함은 하나님의 약속을 믿었습니다. 특별히 바울은 아브라함이 큰 민족이 될 것이라는 하나님의 약속에 대해 어떠한 믿음을 가졌는지 밝힙니다.

"기록된 바 내가 너를 많은 민족의 조상으로 세웠다 하심과 같으니 그가 믿은 바 하나님은 죽은 자를 살리시며 없는 것을 있는 것으로 부르시는 이시니라 아브라함이 바랄 수 없는 중에 바라고 믿었으니 이는 네 후손이 이같으리라 하신 말씀대로 많은 민족의 조상이 되게 하려 하심이라"(17~18절).

위의 두 구절은 창세기 17:5과 15:5을 배경으로 합니다. 아브라함은 하나님으로부터 네 몸에서 날 자가 네 후사가 되리라는 약속을 받았고, 내가 너로 열국의 아비가 되게 하겠다는 약속도 받았습니다(창 15:4, 17:5). 바로 그 약속을 신뢰했습니다. 이 약속에 대한 신뢰가 믿음입니다. 이 믿음을 하나님께서는 의로 여기셨습니다(창 15:6; 롬 4:3). 아브라함은 창세기 15장에서 이미 믿음을 가졌고, 하나님께서는 그 믿음으로 인하여 그를 의롭다고 하셨습니다. 이어 창세기 17장에서 할례를 행합니다.

할례는 하나님의 약속을 신뢰하는 표입니다. 곧 믿음을 가진 표입니다(창 17:11). 믿어 의롭게 된 것이 먼저이고 그 믿음의 표를 겉으로 드러낸 할례는 나중이었습니다. 할례는 도장을 찍는 것입니다. 그래서 바울도 로마서 4:11에서 이를 아주 분명하게 가르쳤습니다. "그가 할례의 표를 받은 것은 무할례시에 믿음으로 된 의를 인친 것이니." 아브라함은 이미 의롭게 되었습니다. 그리고 그것을 확증하는 표가 할례였습니다. 그러므로 믿음은 없으면서 형식적으로 할례를 받는 것은 구원의 증거가 되지 못합니다.

바울은 아브라함의 믿음을 의로 여기신 하나님의 뜻을 선명하게 선포했습니다. 그래서 아브라함의 믿음을 해명하면서 마지막에 그 믿음이 의로 여김 받는다고 했습니다. 계속해서 바울이 말하는 아브라함의 믿음을 따라가 봅시다. 아브라함이 100세가 되었고, 그로 인해 자기 몸이 죽은 것 같았으며, 동시에 사라의 태(胎)도 죽은 것 같음을 알았지만 자녀를 낳으리라는 하나님의 약속을 끝까지 신뢰했습니다. 창세기 18:11은 이 사실을 매우 직접적으로 표현했습니다. "아브라함과 사라는 나이가 많아 늙었고 사라에게는 여성의 생리가 끊어졌는지라." 사라에게 여성의 생리가 끊어졌다는 표현은 그녀가 더 이상 임신할 수 없다는 것을 뜻합니다. 그럼에도 불구하고 아브라함은 하나님께서 약속하신 바를 또한 능히 이루실 줄을 확신하였습니다(21절). 하나님께서는 이 아브라함의 믿음을 의로 여기셨습니다(22절). 죽은 태를 살려내는 것. 죽음에서 부활로 옮기는 하나님의 능력을 신뢰하는 것. 이것이 믿음입니다. 실로 이 믿음은 칭의의 유일한 도구입니다(신앙고백서 11:2).

예수님을 통해 드러난 믿음의 비밀과 칭의

바울은 아브라함의 의가 아브라함만 위한 것이 아니라 우리도 위함이라 했습니다(24절). 그러면서 예수님께서 우리의 죄를 위하여 죽으시고 우리를 의롭다 하시기 위하여 부활하셨다고 말합니다(25절). 아브라함이 의롭다 함을 받은 믿음은 궁극적으로 예수님을 통하여 성취됩니다.

여자의 후손이 뱀의 머리를 상하게 할 것이라는 약속(창 3:15)은 아브라함에게서 큰 민족으로 확대되었습니다. 그러나 아브라함의 후손 모두가 구원자가 될 수는 없습니다. 그래서 바울은 아브라함에게 주어진 약속에 대해 말하길, "여럿을 가리켜 그 자손들이라 하지 아니하시고 오직 한 사람을 가리켜 네 자손이라 하셨으니 곧 그리스도라"고 했습니다(갈 3:16).

예수 그리스도께서 여자의 후손과 아브라함의 후손으로 오셔서 하나님의 약속을 성취하셨습니다. 사단의 권세 아래 있는 자기 백성들을 위하여 친히 대속제물이 되셨습니다(막 10:45; 히 9:11~12). 범죄한 백성들을 위하여 예수님께서 죽으셨습니다. 그 피 흘림은 자기 백성의 죄를 덮었습니다. 그리고 예수님께서는 다시 사셨습니다. 주님의 부활은 사단이 가져온 죽음의 권세를 꺾으심입니다(고전 15:55~58). 아담의 죄로 모든 사람이 죽었지만 그리스도 안에서 모든 사람이 삶을 얻었습니다(고전 15:22). 이 믿음이 우리를 의롭게 합니다. 죽은 태에서 생명이 태어나게 함으로 부활을 일으키신 그 하나님께서 이제 죽은 그리스도를 다시 살리심으로 죄인들의 모든 죄를 제거하셨습니다.

우리 고백서는 이를 다음과 같이 선언합니다. "그리스도께서는 친히 순종하시고 죽으심으로 의롭게 하신 모든 이들의 죄의 빚을 다 갚아 주셨고, 이들을 대신하여 아버지의 공의를 온전하고 참되고 충분하게 속상하셨다"(신앙고백서 11:3). 그런데 이 믿음조차도 하나님의 선물입니다(엡 2:8; 신앙고백서 11:1).

어떻게 믿음이 하나님의 선물이 됩니까? 성령님께서 이 믿음을 죄인들에게 제공하기 때문입니다. 그래서 우리 고백서는 "성령께서 적정한 때에 그리스도를 그들에게 실제로 연합시켜 주시기 전에는 의롭다 함을 받은 것이 아니다."라고 합니다(신앙고백서 11:4). 이 성령님께서 예수님의 죽음과 부활의 의미를 깨닫게 하시고 그 백성들의 마음에 믿음을 주십니다. 그리하여 죄로 말미암아 악취 나는 우리를 그리스도의 죽음과 부활로 덮어 의인이라 부릅니다. 우리를 그리스도의 향기로 부르신 그 하나님을 찬양합시다.

1. 바울이 안디옥 교회에서 봉사할 때 허황된 가르침으로 성도들을 미혹하게 한 자들이 주장한 내용은 무엇입니까? 이에 대한 바울의 가르침은 무엇입니까?

2. 할례가 지향하는 믿음의 내용을 설명해 봅시다.

3. 하나님께서 의로 여기셨던 아브라함의 믿음은 어떤 내용인지 설명해봅시다.

4. 아브라함의 믿음을 예수님은 어떻게 성취하셨으며, 칭의는 어떻게 주어집니까?

10

형제여! 하늘을 위해 전진합시다

창세기 50:15~26 | 고백서 13장 성화

고백서
13장 성화

13.1 효력 있는 부르심을 받아 거듭난 자들은 그들 속에 새 마음과 새 영이 창조되었기 때문에 그 다음에는 참으로 인격적으로 성화된다. 그들 속에 거하시는 그리스도의 말씀과 성령으로 말미암아 그리스도의 죽음과 부활의 능력 덕분에 죄의 몸이 주관치 못하며, 그 몸의 정욕들은 점점 약화되고 죽으며, 그들은 모든 구원의 은혜 가운데서 점점 더 소생하고 강건케 되어 참 거룩함을 실천하게 되는데, 이 거룩함이 없이는 어느 누구도 주님을 뵐 수 없다.

13.2 이 성화는 전인에 걸쳐 일어나지만, 현세에서는 불완전하다. 모든 지체에 부패의 잔재가 여전히 남아있어서 계속적이고 화해할 수 없는 전쟁이 거기서 일어나니, 곧 육의 정욕은 성령을 거스르고 성령은 육을 거스른다.

10 형제여! 하늘을 위해 전진합시다
창세기 50:15~26 | 고백서 13장 성화

배척당한 왕권

요셉이 애굽의 총리가 된 것은 하나님의 인도였습니다. 하나님께서는 그를 당대 백성들의 치리자로 삼으셨습니다. 요셉의 두 가지 꿈은 하나님의 계시였습니다. 요셉의 곡식 단에게 형들의 단이 절을 하는 것과 해와 달과 열한 별이 요셉에게 절하는 일은 하나님께서 그 시대의 교회에게 주신 하나님의 뜻이었습니다. 꿈을 말한 이는 요셉이었지만 정작 그 꿈을 해석한 사람은 형제들과 아버지 야곱이었습니다(창 37:8,10).

그들의 해석은 이러합니다. "네가 참으로 우리의 왕이 되겠느냐 참으로 우리를 다스리게 되겠느냐"(창 37:8). 야곱과 그의 아들들은 요셉이 자신들의 왕이 될 것이라는 계시를 받았습니다. 그러나 요셉의 형제들은 그 계시를 인정하지 않았습니다. 하지만 야곱은 그 의미를 이해했고 그를 감독자로 세웠습니다. 그리하여 양치는 자식들의 감독으로 요셉을 보냈습니다(창 37:12~14).

도단에서 양을 치던 요셉의 형들은 자신들을 감독하기 위해 온 동생을 죽이기로 결의하고 조롱했습니다. 왕권을 가지고 감독하러 오는 요셉을 향하여 형들은 "꿈꾸는 자가 오는도다" 라고 하며 조롱했습니다(창 37:19). 그러면서 죽여 구덩이에 던지고 아버지에게는 악한 짐승이 그를 잡아먹었다고 거짓말하자고 합의했으며 그 꿈이 어떻게 되는지 지켜보겠다고 했습니다 (창 37:20).

당대 교회는 하나님의 계시를 믿음으로 받지 않을 뿐만 아니라 그 뜻을 거역하였고 조롱했으며 적극적으로 부정했습니다. "그의 꿈이 어떻게 되는지를 우리가 볼 것이니라 하는지라"(창 37:20). 하나님의 뜻을 이렇게 노골적으로 거부하는 자들은 하나님의 구원역사에서 그렇게 많지 않습니다. 마치 구원자로 오신 예수 그리스도를 배척하는 예수님 당대의 바리새인과 서기관들, 그리고 율법사들과 닮았습니다.

왕의 보호를 의심하는 백성들과 왕의 눈물

그렇게 배척 받은 왕은 하나님의 섭리와 인도로 애굽에서 총리가 되었습니다. 우여곡절 끝에 야곱의 아들들은 그들이 배척한 그 왕을 다시 만났습니다. 요셉은 모든 것이 하나님의 인도라 고백합니다. "당신들이 나를 이 곳에 팔았다고 해서 근심하지 마소서 한탄하지 마소서 하나님이 생명을 구원하시려고 나를 당신들보다 먼저 보내셨나이다"(창 45:5).

하나님의 계시대로 요셉은 치리자가 되었습니다. 실로 왕의 권한에 버금가는 권세를 가졌습니다(창 41:40~45). 그의 통치를 기쁨으로 받는 것은 생명을 보존하는 유일한 길이 되었습니다. 흉년의 때에 생명을 보존하기 위해서는 요셉의 통치에 복종해야 됩니다. 언약 백성들도 이를 계기로 애굽으로 이주했고 야곱은 그곳에서 생을 마감했습니다(창 49:33).

아버지의 죽음은 야곱의 아들들에게는 두려움을 남겼습니다. 동생 요셉이 복수하리라는 예감에 불안해했습니다. 성경은 형들의 마음을 다음과 같이 알려줍니다. "우리를 미워하여 우리가 그에게 행한 모든 악을 다 갚지나 아니할까"(15절). 형제들은 자신들이 요셉에게 악하게 행했다는 사실을 스스로 고백합니다. 또한 요셉이 보복할 것이라 짐작하여 그 보복을 두려워했습니다.

형들은 요셉에게 말을 전하여 아버지의 유언을 기억시킵니다. 아버지가 형들의 허물과 죄를 용서하라는 유언을 남겼다고 전합니다. 그러면서 그들도 요셉에게 간청하기를, "당신 아버지의 하나님의 종들인 우리 죄를 이제 용서하소서"(17절)라고 했습니다. 형들은 자신들을 '아버지의 하나님의 종들'이라 부릅니다. 아버지의 이름도 모자라 하나님의 이름까지 들먹입니다. 그 소식을 들은 요셉은 눈물을 흘렸습니다. 여기 울었다는 말씀은 '통곡하다'라는 뜻입니다.

우리는 여기에서 시대 교회의 영적 저급함과 이를 애통해 하는 왕을 만납니다. 야곱은 애굽에서 17년을 살았습니다(창 47:28). 그는 죽음이 임박했을 때 요셉에게 여러 번 유언을 했습니다. 야곱은 요셉에게 자신이 죽으면 선조들과 함께 약속의 땅에 장사할 것을 맹세시켰습니다(창 47:29~31). 더불어 요셉의 두 아들에게 복을 빌면서 하나님께서 너희를 인도하여 조상의 땅으로 돌아가게 할 것이라고도 했습니다(창 48:21). 이렇듯 야곱의 유언은 하나님의 약속을 기억하고 약속의 땅 가나안에 자신의 무덤을 만들라는 내용입니다.

야곱의 아들들은 이러한 아버지의 유언을 언급조차 하지 않습니다. 하지만 성경에는 야곱이 요셉에게 유언한 내용만 기록되었습니다. 요셉의 형들이 말하는 그런 종류의 유언은 단한 줄도 없습니다. 요셉은 애굽에서 형들을 만날 때부터 형들에 대한 원망이나 악한 마음을 품지 않았습니다. 요셉은 하나님께서 자신을 애굽으로 보낸 것이라 생각했습니다. 형들이 비록 죽음으로 내몰았지만 그 배후에 역사하시는 하나님의 손길을 믿음으로 받았습니다. 또한 그 자신이 애굽에서 총리가 된 것이 모두 하나님의 약속을 이루는 방편임을 너무나 잘 알았습니다. 하나님께서는 요셉을 언약 백성의 왕으로 세웠습니다. 요셉은 그 하나님의 뜻을 이해했고 그 뜻을 따라 살려고 진력하는 삶을 살았습니다.

야곱은 130세에 애굽에 왔고 147세에 죽었습니다(창 47:28). 그 17년의 긴 시간 동안 야곱의 아들들의 신앙은 조금도 자라지 않았습니다. 요셉을 통해 하나님의 인도하심과 자기 백성을 보호하시는 손길을 몸으로 체험했습니다. 그러나 그들의 관심은 하나님의 약속이 아니었습니다. 이는 오직 그들 자신의 생명의 안위만 생각하는 천박하기 짝이 없는 세속인의 모습을 보여줍니다. 그래서 우리 고백서는 "이 성화는 전인에 걸쳐 일어나지만, 현세에서는 불완전하다."라고 했습니다(신앙고백서 13:2).

요셉은 바로 당대 교회의 그 믿음 없음을 보며 가슴을 쳤습니다. 그렇게 긴 시간을 생명을 보존하시는 하나님을 말하고 약속을 이루시는 하나님을 수 없이 말했음에도 불구하고, 형제들의 관심이 오직 자신들의 안위에만 있음을 확인하는 순간, 그의 가슴은 무너져 내렸습니다. 얼마 전에 아버지의 시신을 약속의 땅에 묻고 왔습니다. 그렇다면, 그 행위가 바로 하나님의 약속을 기억하라는 아버지의 유언으로 받아야 합니다. 장례를 치른 지 얼마나 되었다고 몸소 보여준 아버지의 유언을 이렇게 곡해하고 짓밟다니요!

왕의 위로

형들은 사람을 보내어 말을 전한 후 요셉 앞에 엎드려 스스로 종이라 합니다. 하나님의 계시가 성취되었습니다(창 37:1~11). 요셉은 형들에게 두려워하지 말라 합니다. 그러면서 자신이 하나님을 대신 할 수 없다고 합니다. 모든 심판은 하나님께서 하신다고 합니다. 그리고 다시 한번 하나님의 선하신 인도를 설명합니다.

"당신들은 나를 해하려 하였으나 하나님은 그것을 선으로 바꾸사 오늘과 같이 많은 백성의 생명을 구원하게 하시려 하셨나니 당신들은 두려워하지 마소서 내가 당신들과 당신들의 자녀를 기르리이다 하고 그들을 간곡한 말로 위로하였더라"(20~21절).

두려워 떠는 자들에게 요셉은 그들의 자녀들까지 기르겠다고 합니다. 악을 선으로 바꾸시는 복음의 능력이 요셉의 고백을 통해 울려 퍼집니다. 요셉은 간곡한 말로 믿음 없는 형들을 안심시켰습니다. 형들은 요셉을 사사로운 복수의 감정에 사로잡힌 권력자로 인식했습니다. 그러나 요셉은 하나님의 사람이었습니다. 요셉은 하나님께서 세우신 위대한 왕이었습니다. 그는 참으로 그 집안의 장자였습니다(대상 5:1~2).

족장시대는 장자가 아버지의 모든 권한을 위임 받습니다. 그리고 그 가정의 가장으로서 모든 가족을 가르치고 다스리며 보호합니다. 실로 장자는 그 시대의 왕, 제사장, 선지자였습니다. 요셉은 선하신 하나님의 뜻을 가르침으로 선지자적 사역에 충실합니다. 그 백성들의 삶을 책임지겠다고 선언함으로 왕적 사역에 충실합니다. 그들의 죄를 용서하며 위로함으로 제사장적 사역을 행합니다. 이러한 삶을 살아가는 성도에 대해 우리 고백서는 다음과 같이 가르칩니다. "그들 속에 거하시는 그리스도의 말씀과 성령으로 말미암아 그리스도의 죽음과 부활의 능력 덕분에 죄의 몸이 주관치 못하며, 그 몸의 정욕들은 점점 약화되고 죽으며, 그들은 모든 구원의 은혜 가운데서 점점 더 소생하고 강건케 되어 참 거룩함을 실천하게 되는데"(신앙고백서 13:1). 실로 요셉의 삶은 성화를 해설하는 교과서입니다.

왕이 준비한 안전장치

17세에 애굽에 왔고 13년 동안 험난한 삶을 살았지만 요셉은 30세에 애굽의 총리가 되었습니다. 그의 나이 110세에 죽음을 맞이합니다. 아버지가 죽은 지 63년이 지났습니다. 죽음에 임박하여 그는 형제들에게 하나님의 약속을 기억시킵니다. 이곳 애굽은 우리의 영원한 거처가 아니라 아브라함과 이삭과 야곱에게 맹세하신 그 땅에 이를 것이라 합니다. 하나님께서 당신들을 돌보실 것이라 합니다. 여기 돌본다는 말은 찾아오신다는 의미입니다. 곧 하나님의 심방입니다.

요셉은 연약한 백성들을 위해 마지막 안전장치를 준비합니다. 바로 자신의 무덤에 대한 유언입니다. 자신의 무덤을 약속의 땅 가나안에 마련하라고 유언하지 않습니다. 아버지 야곱의 시신을 약속의 땅에 묻었음에도 불구하고 자신의 무덤은 애굽에 만들라고 합니다. 그리고 하나님께서 자기 백성들을 심방하여 약속의 땅으로 이끄실 때에 자신의 해골을 들고 가라 부탁합니다.

이제 요셉은 당대 교회가 애굽에서의 안락한 삶과 문화를 너무나 사랑하여 하나님의 약속을 잊고 살지나 않을까 염려했습니다. 실제로 광야의 이스라엘 백성들은 항상 애굽으로 돌아가자고 수도 없이 불평을 늘어놓았습니다(출 16:1~3; 민 11:4~6, 14:1~4, 20:1~5). 자신의 유골을 당대의 백성들과 그 후예들이 보면서 하나님의 약속을 기억하도록 계획했습니다. 자신의 주검조차 하나님의 약속을 기억시키는 도구로 만드는 요셉의 조치는 경이

롭습니다. 요셉으로 찬란한 성화의 삶을 살게 하신 삼위 하나
님을 찬양합시다.

1. 요셉의 형제들이 요셉을 조롱하는 모습은 어떤 면에서 예수님 시대의 바리새인과 서기관들의 모습과 닮아 있습니까?

2. 요셉이 자신을 두려워하는 형들에게 행한 모습을 통해 오늘날 성화를 누리는 성도의 모습은 어떠해야 할지 생각해봅시다.

3. 요셉의 삶이 성화를 배우는 교과서가 되는 이유를 설명해 봅시다.

4. 요셉이 연약한 백성들을 위해 마지막 안전장치를 마련합니다. 그렇게 한 이유가 무엇입니까?

5. 우리의 삶에서 하나님의 약속을 잊고 세속적인 것을 추구하는 모습은 없습니까? 함께 나누어봅시다.

구원에 이르는 믿음

사도행전 10장 | 고백서 14장 구원에 이르는 믿음, 15장 생명에 이르는 회개

고백서
14장 구원에 이르는 믿음, 15장 생명에 이르는 회개

14.1 피택자들이 믿어 자기 영혼의 구원에 이르게 하는 믿음의 은혜는 그 리스도의 성령께서 그들의 마음에 행하시는 사역이다. 이 은혜는 보 통 말씀의 사역으로 일어난다. 또한 말씀의 사역과 성례의 집례와 기도로 믿음은 커지며 강화된다.

14.2 이 믿음으로 신자는 말씀에 계시된 것마다 참되다고 믿으니, 하나님 그 분의 권위가 그 속에서 말씀하시기 때문이며, 각 부분이 담고 있 는 내용에 대해서는 각각 다르게 응답하는데, 즉 계명에는 순종하 고, 엄정한 경고에는 두려워 떨며, 현세와 내세에 미치는 하나님의 약속은 받아들인다. 그러나 구원에 이르게 하는 믿음의 주된 행위들 은 은혜언약의 덕분에 칭의와 성화와 영생을 위해 그리스도만을 영 접하고 받으며 의지하는 것이다.

15.1 생명에 이르는 회개는 복음의 은혜인데, 그리스도를 믿는 믿음의 교 리와 마찬가지로 모든 복음 사역자들은 이 교리를 전파하여야 한다.

15.2 이 회개로 말미암아 죄인은 자기의 죄가 위험할 뿐 아니라 더럽고 추악하며, 그것이 하나님의 거룩하신 본성과 의로우신 율법에 배치 되는 것을 보고 느끼며, 또한 뉘우치는 자들에게는 그리스도 안에 있는 하나님의 자비를 베푸신다는 것을 깨달아, 자기의 죄를 슬퍼하 며 미워하고 결국 그 모든 죄를 버리고 하나님께로 돌아서고, 하나 님의 계명의 모든 길에서 그분과 동행하려는 목표를 세우고 매진한다.

11 구원에 이르는 믿음

사도행전 10장 | 고백서 14장 구원에 이르는 믿음, 15장 생명에 이르는 회개

경건한 이방인 고넬료

사도행전 10장은 한 명의 로마 군인을 소개합니다. 이름은 고넬료이며 이달리야 대의 백부장입니다. 바다를 접한 곳인 가아사랴에 거주하였습니다. 이달리야는 당시의 부대 이름입니다. 마치 우리나라의 '맹호부대', '청룡부대'와 같습니다. 로마의 군대는 대개 한 부대에 6명의 백부장과 그 휘하에 100명의 군인들로 구성되었습니다. 가이사랴는 헤롯대왕이 약 10년에 걸쳐 헬레니즘 스타일로 개축한 도시입니다. 왕궁, 원형경기장, 신전, 디베리우스 왕에게 바쳐진 건물인 '티베리움'이 있

는 세련된 도시였습니다. 그곳은 유대 지방의 로마정부 소재지였습니다. 그래서 항상 군인들이 많이 주둔했습니다. 고넬료는 바로 이 도시에서 백부장이었으니 상당한 권력을 가졌습니다.

그럼에도 불구하고 그는 하나님을 경외하여 백성들을 구제하고 늘 기도하는 사람이었습니다(2절). 그는 유대인들에게 칭찬 듣는 의인이었습니다(22절). 자신이 경건하기도 했지만 온 집으로 더불어 하나님을 경외했습니다. 하나님을 경외하는 사람이라는 표현은 신약성경에서 아주 독특한 의미를 갖습니다. 바울이 1차 복음전파 여행 중 비시디아 안디옥에서 행한 설교에 이 표현이 등장합니다. "바울이 일어나 손짓하며 말하되 이스라엘 사람들과 및 하나님을 경외하는 사람들아 들으라"(행 13:16). 여기 '하나님을 경외하는 사람들'은 사도행전 13:43에서는 '유대교에 입교한 경건한 사람들'로 불립니다.

고넬료도 이방인으로서 유대교에 입교한 경건한 사람인지 정확하지는 않습니다. 왜냐하면, 베드로가 고넬료를 처음 만났을 때 유대인으로서 이방인을 교제하는 것과 가까이 하는 것이 위법이라고 말했기 때문입니다(28절). 그럼에도 불구하고 그는 참으로 하나님을 경외하는 의인입니다. 경건한 사람이기에 그는 항상 기도의 사람이기도 했습니다. 그래서 제 구시 기도시간에 환상을 통하여 하나님의 사자로부터 계시를 받았습니다. 그의 이러한 행적은 하나님과 복음에 깊은 관심을 가졌다는 표입니다.

사도 베드로와 고넬료에게 주어진 계시

고넬료가 기도하는 중에 하나님의 사자가 나타났습니다. 사람들을 욥바로 보내어 무두장이 시몬의 집에 거하는 베드로를 청하라고 했습니다. 고넬료는 이 명령을 받아 하인 둘과 경건한 사람 하나를 욥바로 보냈습니다.

고넬료가 보낸 사람들이 베드로가 머무는 욥바에 가까이 왔을 때 베드로는 지붕에서 기도하기 시작했습니다. 베드로는 환상을 보았습니다. 한 그릇이 하늘에서 내려오는데, 마치 큰 보자기 같았습니다. 그 안에 짐승과 기는 것과 새들이 있었고, 하늘에서 소리가 나기를 "베드로야 일어나 잡아 먹어라"(13절)고 했습니다.

그릇에 담긴 것들이 경건한 유대인이 먹기에는 흠이 있었던 것으로 보입니다. 그러나 베드로는 레위기 11장에 나타난 정결한 동물과 부정한 동물에 대한 규례를 잘 알았습니다. 그래서 속되고 깨끗지 않은 것을 먹지 않겠다고 합니다. 그러자 하나님께서 깨끗하게 하신 것을 네가 속되다 하지 말라는 음성이 들렸습니다. 이 일이 세 번 반복되었고 그릇은 하늘로 올라갔습니다. 베드로는 환상이 무슨 뜻인지 의아하게 생각했습니다. 바로 그때, 고넬료가 보낸 사람들이 도착했고 베드로는 자초지종을 들은 후 다음 날 가이사랴로 갔습니다.

베드로가 도착하자 고넬료는 친척과 가까운 친구들을 초청하여 기다리고 있었습니다. 고넬료는 베드로가 자신의 집에 들어오자 엎드려 절함으로 천사보다 더 높은 인물로 예우했습니다. 하지만 베드로는 그를 일어나게 하고 자신도 사람이라 이야기합니다. 고넬료는 선하신 하나님의 인도를 경험했습니다. 그동안 그의 경건함과 기도를 통한 모든 것들이 하나님의 뜻 안에 있음을 깨달았습니다. 하나님께서는 고넬료와 베드로에게 자신의 뜻을 알리심으로 한 이방인을 구원에 이르는 믿음과 생명에 이르는 회개로 안내하셨습니다.

사도의 두 고백

고넬료의 집에 여러 사람이 모인 것을 본 사도 베드로의 첫 번째 말씀은 대단히 중요합니다. "이르되 유대인으로서 이방인과 교제하며 가까이 하는 것이 위법인 줄은 너희도 알거니와 하나님께서 내게 지시하사 아무도 속되다 하거나 깨끗하지 않다 하지 말라 하시기로"(28절).

베드로는 욥바에서 본 환상의 의미를 드디어 이해했습니다. 하늘로부터 내려오는 짐승을 먹으라는 계시는 풀리지 않는 숙

제였습니다. 고넬료의 집에 와서 보니 그 모든 것이 확연해졌습니다. 하나님께서는 아무도 속되다 하거나 깨끗하지 않다고 말하지 말라 하셨습니다. 베드로는 이 말씀이 짐승을 두고 하신 말씀이 아니라 유대인과 이방인을 두고 하신 말씀임을 깨달았습니다.

이러한 사실은 고넬료의 고백을 통해 더 분명해졌습니다. 고넬료는 빛난 옷을 입은 한 사람이 자기에게 베드로를 청하라는 계시를 주셨다고 고백했습니다. 하나님께서는 고넬료에게 자기의 뜻을 알리셨고, 동시에 베드로에게도 그리하셨습니다. 하나님의 인도로 이방인과 유대인이 한 백성으로 만나는 길이 열렸습니다.

유대인과 이방인이 한 자리에 앉아 교제하며 식사를 나누는 것은 율법에 위배되는 행동입니다. 이는 식사의 교제가 유대인들의 입장에서 볼 때, 부정한 것과 접촉할 가능성이 너무나 분명하기 때문입니다. 실제로 유대에 사는 형제들이 베드로의 이러한 행동을 비난했습니다(행 11:2). 그러나 그 비난은 곧장 하나님께 영광을 돌리는 엄청난 사건으로 변했습니다(행 11:18).

베드로의 두 번째 고백도 같은 맥락에서 이해됩니다. "내가 참으로 하나님은 사람의 외모를 보지 아니하시고 각 나라 중 하나님을 경외하며 의를 행하는 사람은 다 받으시는 줄 깨달았도다"(34~35절).

이는 이사야 56장의 성취입니다. 이사야 56장은 여호와께 연합한 이방인과 고자들이 하나님의 집과 성 안에서 아들이나 딸보다 더 나은 기념물과 이름을 받을 것이라는 약속을 담고 있습니다. 심지어 이방인과 고자들이 드리는 번제와 희생을 기꺼이 받을 것을 약속하셨습니다(사 56:7). 고자는 원래 여호와의 총회에 들어올 수 없는 사람들이었습니다(신 23:1). 이방인들은 감히 유월절 떡을 먹을 수 없었습니다(출 12:43).

하나님께서는 사람의 외모를 보지 않으셨습니다. 그가 이방인이든지 고자든지 하나님을 경외하며 의를 행하는 사람은 누구나 하나님의 백성이 될 수 있는 자격을 얻었습니다. 이방인이 교회 안으로 들어왔습니다. 옛 언약 백성에게 주어진 제사장 나라와 거룩한 백성의 사명은 드디어 새 언약 백성인 교회를 통하여 이루어졌습니다.

베드로의 이 깨달음은 바울의 가르침과도 동일합니다. 할례받지 못한 이방인과 언약 백성 사이에 있던 막힌 담이 사라졌습니다. 그리스도의 피로 둘이 하나가 되었습니다(엡 2:11~15). 교회는 그리스도로 말미암아 하나님과 화목하게 되었고, 또한 성도들 간의 사이도 화목하게 되었습니다. 그러므로 한 교회 안에서는 출신지역이나 학식, 재력, 그 외의 어떠한 조건들로도 서로 나뉘어져서는 안 됩니다.

사도가 전한 복음과 성령님의 역사

베드로는 고넬료 집안의 사람들에게 드디어 복음을 선포했습니다. 베드로의 설교는 예수님께서는 기름 부음을 받은 그리스도시라는 내용입니다. 예수님께서는 성령과 능력을 받으셨고, 마귀에게 눌린 자들을 고치셨으며, 죽었다가 삼 일 만에 부활하셨다고 했습니다. 또한 예수님께서는 재판장이시며 이제 그분의 이름으로 죄 사함을 받는다고 선포했습니다.

그러자 성령님께서 말씀 듣는 모든 사람에게 임했습니다. 유대인 신자들은 그것을 보고 충격을 받았습니다. 고넬료 집안 사람들은 방언을 말하며 하나님을 높였습니다. 베드로는 우리와 같이 이들도 성령을 받았다고 하며 그리스도의 이름으로 세례를 베풀었습니다. 세례는 성례 중 하나입니다. 그래서 우리 고백서는 말씀의 사역과 성례의 집례와 기도로 믿음은 커지며 강화된다고 했습니다(신앙고백서 14:1). 이제 고넬료 집 사람들과 교회는 한 백성이 되었습니다.

베드로는 예루살렘에 올라가 다른 사도들과 이 사건의 의미를 나누었습니다. 베드로는 처음 우리에게 하신 것과 같이 성령님께서 임했다고도 했습니다(행 11:15). 그러면서 "하나님이 우리가 주 예수 그리스도를 믿을 때에 주신 것과 같은 선물을 그들에게도 주셨으니"라고 했습니다(행 11:17). 뿐만 아니라 다른 사도들은 베드로의 이 평가를 듣고 말하길, "하나님께서 이방인에게도 생명 얻는 회개를 주셨도다"라고 했습니다(행 11:18).

사도행전 11:17 말씀인 "주 예수 그리스도를 믿을 때에 주신 것과 같은 선물"이라는 표현 속에는 너무나 중요한 도리가 담겨 있습니다. 성령님의 강림을 믿는 자에게 주신 선물이라 했습니다. 곧 성령님께서 임하시는 일은 그가 믿음을 가졌다는 뜻입니다. 고넬료 집안 사람들은 사도의 설교를 들을 때에 구원에 이르는 믿음을 선물로 받았습니다. 성령님께서 그들 가운데 임하심으로 이 사실을 확증했습니다(44절). 참으로 믿음의 은혜는 그리스도의 성령께서 그들의 마음에 행하시는 사역입니다(신앙고백서 14:1).

또한 베드로의 입을 통해 선포되는 말씀을 들을 때에 성령님께서 임했습니다. 그래서 고백서는 이 은혜는 보통 말씀의 사역으로 일어나며(신앙고백서 14:1), 이 믿음으로 신자는 말씀에 계시된 것마다 참되다고 믿는다고 했습니다(신앙고백서 14:2). 그 표로 성령님께서 고넬료 집안의 사람들에게 임하셨습니다.

베드로의 보고를 들은 사도들과 형제들의 평가 또한 놀랍습니다. "하나님께서 이방인에게도 생명 얻는 회개를 주셨도다"(행 11:18). 고넬료는 자기의 죄가 더럽고 추악하다는 것을 깨닫고, 자기의 죄를 슬퍼하며 미워하고 결국 그 모든 죄를 버리고 하나님께로 돌아섰습니다(신앙고백서 15:2). 실로 생명에 이르는 회개는 복음의 은혜입니다(신앙고백서 15:1).

1. 사도행전 10장에서 고넬료에 대하여 어떻게 설명하고 있습니까?

2. 베드로가 본 환상을 구약의 율법에 비추어 설명해 봅시다.

3. 베드로가 욥바에서 본 환상의 의미는 무엇입니까? 베드로의 두 고백의 본문의 내용이 의미하는 바는 무엇입니까?

4. 고넬료 집안 사람들이 복음의 은혜를 받게 되는 과정을 통해서 드러난 구원의 원리를 설명해 봅시다.

5. 구원에 이르는 믿음이 은혜로 주어진다는 것이 어떻게 위로가 됩니까?

12

선 행

고린도후서 6:11~18 | 고백서 16장 선행

16.2 하나님의 계명에 순종함으로 행하는 이 선행은 참되고 살아있는 믿음의 열매요 증거이다. 그리고 신자들은 선행으로 자기들의 감사를 드러내고, 확신을 굳게 하며, 형제의 덕을 세우고, 복음의 고백을 단장하며, 대적들의 입을 막으며, 하나님을 영화롭게 하니, 그들은 하나님의 만드신 바요 그리스도 예수님 안에서 선한 일을 위하여 지으심을 받아, 거룩함의 열매를 맺어 결국에는 영생을 얻을 것이다.

16.3 그들이 선한 일을 행하는 능력은 결코 자신들에게서가 아니라 전적으로 그리스도의 성령에게서 나온다. 또한 선한 일을 행할 수 있으려면 이미 받은 은혜 외에, 자기의 기쁘신 뜻을 따라 그들 안에 의지하고 행하게 하시는 동일한 성령의 실제적 영향이 있어야 한다. 그러나 성령이 특별하게 움직여 주시지 않으면 어떤 의무를 수행하지 않아도 된다는 식으로 나태할 것이 아니라 오히려 열심을 내어 그들 안에 거하는 하나님의 은혜를 불일듯하게 하여야 한다.

16.4 현세에서 가능한 최고도의 순종에 도달한 자들이라 할지라도 해야 할 일들 이상을 행한다든지, 하나님께서 요구하시는 것 이상을 행할 수 없다. 이처럼 그들은 의무로 행하여야 하는 일들의 수준에도 크게 미달한다.

12 선 행
고린도후서 6:11~18 | 고백서 16장 선행

고린도교회의 연약

땅 위의 교회는 완전하지 않습니다. 이런저런 문제로 항상 몸살을 앓습니다. 고린도교회도 예외는 아니었습니다. 그 교회가 안고 있는 문제를 생각하면, '이게 교회냐!'라고 반문할지도 모르겠습니다. 분쟁으로 인해 바울파, 아볼로파, 게바파, 심지어 그리스도파로 나뉘어졌습니다(고전 1:11~12). 음행한 자를 용납하고 권징하지 않음으로 교회의 거룩성을 훼손했고 권징을 무시했습니다(고전 5:1~2). 심지어 성도들 사이에 일어난 분쟁을 해결하기 위해 세상 법정에 소송하는 부끄러운 일도 일어났습니다(고전 6:1~8).

그 외에도 우상의 제물에 대한 성도 간의 정죄와 비판, 성찬의 정신을 훼손하는 이기주의적 모습, 교회를 섬기기 위해 받은 은사를 오히려 교회를 무너뜨리는 수단으로 사용하는 무질서가 난무했습니다. 더구나 그리스도의 부활과 죽은 자의 부활을 부인하는 자들도 있었습니다(고전 15:12).

고린도교회의 이러한 문제들은 오늘날 우리의 교회들에도 여전히 존재합니다. 이 땅의 모든 교회는 성령님의 역사로 세워졌습니다. 그럼에도 불구하고 지상의 교회는 항상 선행을 행하기에 부족한 모습입니다. 그래서 고백서는 의무로 행하여야 하는 수준에도 크게 미달한다고 했습니다(신앙고백서 16:4). 그러므로 우리는 교회의 연약함을 부정하기보다 성령님을 의지함으로 말씀에 복종하는 지혜로움을 가져야 합니다.

바울의 사도권을 부정하는 사람들

여러 문제를 드러낸 고린도교회에는 급기야 바울을 사도로 인정하지 않는 사람들이 일부 등장했습니다. 바울은 이 문제야말로 교회가 당면한 가장 심각한 문제 중 하나로 인식했습니다. 그는 결국 고린도후서를 통해 자신의 사도권을 강력하게 주장했습니다(고후 1:12~7:16, 10장~12장). 그래서 어떤 분은 고린도후서의 주제를 '바울은 하나님의 신실한 사도이다'고 주장하기도 했습니다. 고린도후서 6장은 바로 이러한 문맥 가운데 있습니다.

바울을 사도로 인정하지 않는 일은 사도와 교회의 관계를 부정하는 것과 같습니다. 사도는 옛 언약 백성인 이스라엘 열두 지파를 심판할 권세를 받았습니다(마 19:28). 또한 사도는 성령님으로부터 세우심을 받았으며, 그리스도께서 친히 모퉁이 돌이 되신 '교회의 터'입니다(엡 2:20). 예수님께서 베드로의 고백을 들으시고 "내가 이 반석 위에 내 교회를 세우리니 음부의 권세가 이기지 못하리라"(마 16:18)고 하신 말씀은 교회가 사도와 신앙고백 위에 세워질 것을 확증한 선포입니다.

사도를 사도로 인정하지 않는 것은 교회의 터를 무너뜨리는 행위입니다. 우리 주님께서는 바울에 대해, 내 이름을 이방인과 임금들과 이스라엘 자손들에게 전하기 위하여 택한 나의 그릇이라고 했습니다(행 9:15). 바울 자신도 고백하길, "베드로에게 역사하사 그를 할례자의 사도로 삼으신 이가 또한 내게 역사하사 나를 이방인의 사도로 삼으셨느니라"고 했습니다(갈 2:8).

이방인의 사도가 된 바울은 그 부르심에 충성하기 위해 이방 지역에 교회를 세웠고 그 중 하나가 고린도교회였습니다. 그러나 고린도교회 지체 중 일부가 바울의 사도권을 거부했습니다. 이는 고린도교회가 하나님께서 세우신 교회임을 거부하는 것과 같습니다. 그래서 바울은 우리의 마음이 넓어졌으니 너희도 마음을 넓히라고 권면했습니다(11~13절). 바울을 받아들이라는 권면은 바울 개인에 대한 호불호의 문제가 아닙니다. 이는 교회의 기초와 관련된 중대한 사안입니다.

고린도교회가 이루어야 할 선행

교회의 터가 된 사도 바울은 문제 많은 고린도교회를 향하여 선행을 명령합니다. 이는 모든 교회가 마땅히 이루어야 할 모습입니다. 사도는 대명제로 "너희는 믿지 않는 자와 멍에를 함께 메지 말라"(14절)고 합니다. 이는 구약 율법에 잘 나타납니다.

옛 언약 백성들은 포도원에 두 종자를 섞어 뿌릴 수 없었으며, 소와 나귀를 거리하여(멍에를 같이 멤) 밭을 갈지 못했고, 양 털과 베 실로 섞어 짠 옷을 입지 못했습니다(신 22:9~11). 하나님께서 이스라엘 백성들의 농사와 옷에 관심이 많으셔서 이러한 법을 주신 것이 아닙니다. 이러한 법을 통하여 언약 백성들은 무엇인가를 섞어 혼합하는 것에 대한 경계를 받았습니다. 하나님도 좋고 세상도 좋은 삶은 결코 이스라엘이 따라야 할 모범이 아니었습니다. 하나님께서는 자기 백성이 말씀 외에 다른 것과 섞여 사는 것을 극도로 싫어하셨습니다.

사도 바울은 교회가 믿지 않는 자들과 함께 섞일 수 없음을 다섯 가지 대비를 통하여 더욱 명료하게 가르칩니다. 의와 불법, 빛과 어둠, 그리스도와 벨리알, 믿는 자와 믿지 않는 자,

하나님의 성전과 우상입니다.

이스라엘은 의를 행해야 할 백성입니다. 아브라함은 믿음으로 의롭게 되었고(창 15:6), 언약 백성들은 공의를 따라 살아야 했습니다(신 4:8). 그러나 언약 백성들은 불법을 행했습니다. 백성의 고관들은 불의한 자들이었습니다(겔 11:1~2). 옛 백성들은 의와 불법이 함께 하는 타락한 백성들이었습니다. 옛 언약 백성들은 빛에 거하지 않았습니다. 그들은 어둠의 자식들처럼 살았습니다. 예수님께서 이 땅에 오셨을 때, 유대인들은 빛을 거부하고 어둠의 길을 택했습니다(눅 22:53; 요 1:5, 3:19).

옛 언약 백성들은 종종 벨리알의 아들들처럼 살았습니다. 엘리 제사장의 두 아들은 불량자(벨리알의 아들)였습니다. 성전을 재건할 때에도 언약 백성 가운데 벨리알이 은밀하게 행동했습니다(느 6:16~19). 옛 백성들은 믿는 자와 믿지 않는 자가 서로 통혼했습니다. 광야 여정에서 시므온 지파의 족장 시므리와 미디안 여자 고스비의 범죄가 그러합니다(민 25장). 포로회복 후 예루살렘 성전과 성을 재건할 때에도 믿는 자와 믿지 않는 자의 결혼은 언약 백성의 거룩을 파괴하는 주범이었습니다(스 10:10~12; 느 13:23~27).

하나님께서는 선지자 이사야의 입을 통해 언약 백성들의 성전제사를 기뻐하지 않는다 하셨습니다. 뿐만 아니라 다시는 헛된 제물을 가져오지 말고 월삭과 안식일, 대회로 모이는 것도 견딜 수 없다고 하셨습니다(사 1:13). 옛 언약 백성들은 하나님의 성전을 장사하는 집과 강도의 소굴로 만들었습니다(요 2:16; 마 21:13).

교회는 새 언약 백성입니다. 그들은 새로운 피조물입니다(고후 5:17). 그들은 성령님께서 내주하시는 공동체입니다. 그러므로 교회는 의로운 공동체요 빛의 자녀들이며 그리스도의 몸이고 믿는 자들일 뿐만 아니라 하나님의 성전이 되어야 합니다. 이것이야말로 교회가 행해야 할 선행입니다. 그래서 선행은 참되고 살아있는 믿음의 열매요 증거입니다(신앙고백서 16:2).

선행을 통해 가시화되는 교회의 본질

사도는 다섯 가지 대비를 통하여 교회가 이루어야 할 선행이 무엇인지 분명히 가르쳤습니다. 나아가 교회가 선행을 통해 드러내어야 할 본질도 말씀하셨습니다. 하나님과 교회의 관계는 "나는 그들의 하나님이 되고 그들은 나의 백성이" 되는 것입니다(16절). 또한 "너희에게 아버지가 되고 너희는 내게 자녀가" 되는 것입니다(18절).

위의 두 말씀은 구약의 핵심적인 가르침 중 하나입니다. 아브라함은 큰 민족, 가나안 땅, 복의 근원이 될 것을 약속 받았습니다. 세 가지 약속을 한 마디로 표현하면, 하나님께서 다스리시는 '나라'입니다. 출애굽 때에 하나님께서는 모세에게 아브라함과 이삭과 야곱의 이름을 언급하면서 "너희를 내 백성으로 삼고 나는 너희의 하나님이 되리니"라고 하셨습니다(출 6:7). 시내 산 앞에 선 이스라엘 백성들에게 하나님께서는 "제사장 나라와 거룩한 백성"(출 19:6)이 될 것을 주문했습니다. 이스라엘은 하나님의 백성으로 부름 받았습니다.

그러나 옛 언약 백성은 이 관계를 무참히 짓밟았습니다. 그들은 순종하지 않았고, 귀를 기울이지도 않았으며, 자신들의 악한 마음의 죄와 완악한 대로 행하여 하나님을 향하여 등을 돌리고 얼굴을 보지 않았습니다(렘 7:24). 하나님께서는 선지자들을 끊임없이 보냈으나 백성들은 순종하지 않았고 귀를 기울이지 않았으며 목을 굳게 하여 더욱 악을 행했습니다(렘 7:25~26).

결국 언약 백성들은 징계를 받아 포로로 잡혀갔습니다. 그들은 바벨론 강변에서 찬송할 수 없어 수금을 버드나무에 걸었습니다(시 137:1~2). 노래를 청하는 자들에게 울며 "멸망할 딸 바벨론아"라고 절규했습니다(시 137:8). 그럼에도 불구하고 긍휼에 풍성하신 하나님께서는 언약 백성들에게 내가 너희의 하나님이 되고 너희는 내 백성이 될 것을 약속하셨습니다(렘 31:1,33).

사도는 이 약속이 그리스도를 통하여 새 언약 백성이요, 새 이스라엘인 교회를 통하여 이루어졌다고 선언합니다. 이제 교회는 성령님의 은혜로 하나님의 백성이 되었습니다. 하나님의 백성으로 살아가는 것이야말로 교회가 이루어야 할 선행의 핵심입니다. 그러나 이 선행은 인간의 힘으로 결코 이룰 수 없습니다. 선한 일을 행할 능력은 전적으로 그리스도의 성령에게서 나옵니다(신앙고백서 16:3).

옛 언약 백성인 이스라엘은 하나님의 아들, 장자였습니다(출 4:22). 동시에 그 나라를 통치하는 왕이 될 솔로몬도 아버지 하나님의 아들이었습니다(삼하 7:14). 하지만 이스라엘은 더 이상 하나님을 아버지로 여기지 않았습니다. 예수님께서 이 땅에 오셔서 옛 언약 백성들에게 자녀가 될 수 있는 길을 제시했습니다(요 1:12). 그러나 그들은 여전히 육체의 욕심을 따라 지내는 진노의 자녀들이었습니다(엡 2:3).

교회는 하나님께서 그 아들의 영을 보내사 아빠 아버지라 부르는 공동체가 되었습니다(갈 4:6). 아들은 상속자로서 아버지의 좋은 것을 모두 누립니다. 동시에 영광을 받기 위하여 고난도 함께 받아야 합니다(롬 8:17). 교회가 이루어야 할 선행은 하나님을 아버지로 모신 자녀가 마땅히 행할 도리입니다. 이 도리를 행하려면 성령님의 실제적 영향이 있어야 합니다(신앙고백서 16:3).

| 함께 생각할 문제

1. 고린도교회가 안고 있는 문제의 내용은 무엇입니까?

2. 바울의 사도권을 인정하지 않는 일이 왜 심각한 문제가 됩니까?

3. 바울사도는 다섯가지 대비를 통하여 교회가 이루어야 할 선행이 무엇이라고 가르쳤습니까? 그 선행을 통해 드러내야 할 교회의 본질은 무엇입니까?

4. 성도들이 선한 일을 행할 수 있는 능력은 무엇에서부터 비롯됩니까?

13

야곱보다 크신 예수님

요한복음 4:1~30 | 고백서 18장 은혜와 구원의 확신

18장 은혜와 구원의 확신

18.1 위선자와 중생하지 못한 자들이 하나님의 은총과 구원의 상태에 있다는 거짓 소망과 육적인 자부심으로 스스로를 허탄하게 속이겠지만, 그들의 소망은 사라지고 말 것이다. 그러나 주 예수님을 참되게 믿으며 그분을 신실하게 사랑하고 그분 앞에서 선한 양심을 따라 행하기를 애쓰는 자들은, 자신들이 은혜의 상태에 서 있다는 사실을 현세에서 확신하며, 하나님의 영광을 소망하며 즐거워할 수 있으니, 이 소망은 그들로 하여금 결코 부끄러움을 당하지 않게 할 것이다.

18.3 틀림없는 이 확신은 믿음의 본질에 속하지는 않으나, 참 신자는 오래 기다리며 많은 어려움을 겪은 후에야 그것을 소유할 수 있다. 하지만 하나님께서 값없이 주시는 바를 성령께서 그에게 알 수 있게 하시기 때문에, 비상한 계시가 없어도 통상적 방편을 적절히 사용하여 그 확신에 이를 수 있다. 그러므로 신자 각자는 온갖 열심을 다하여 자신의 소명과 선택을 굳게 할 의무를 진다. 이로써 그의 마음에는 성령 안에 있는 화평과 희락, 하나님을 향한 사랑과 감사, 순종의 의무를 다하는 힘과 즐거움이 증대하리니, 곧 확신에 속한 적합한 열매들이다. 이 확신은 사람을 결코 해이하게 만들지 않는다.

13 야곱보다 크신 예수님
요한복음 4:1~30 | 고백서 18장 은혜와 구원의 확신

예수님의 요청과 여자의 도발

유대에서 갈릴리로 가는 제일 빠른 방법은 사마리아를 통과하는 길입니다. 예수님께서 다른 길을 두고 이 길을 의도적으로 선택하셨습니다. 가는 길에 수가라는 동네에 잠시 머물렀습니다. 피곤하고 지친 여정이었으며 식사 시간이기도 했습니다.

제자들이 식사를 구하기 위해 동네에 들어간 사이 예수님께서는 우물가에 앉아 잠시 쉬셨습니다. 이 우물은 야곱의 우물로 알려졌고 야곱이 요셉에게 준 땅인 세겜이 가까웠습니다.

사마리아 여자와 예수님께서 이 우물에서 대화했습니다. 역사의 흔적이 서려있는 곳에서 역사에 길이 남을 대화가 이루어졌습니다.

한 낮의 우물 옆에서 예수님께서는 여자에게 물 한 모금을 부탁했습니다. 여자는 한 모금의 물을 주는 대신 숨긴 비수를 꺼내듯 질문을 쏟아 부었습니다. "당신은 유대인으로서 어찌하여 사마리아 여자인 나에게 물을 달라 하나이까?"(9절).

성경은 여자의 이 도발적인 질문을 해설하길, 유대인이 사마리아인과 상종하지 않기 때문이라고 합니다(9절). 이는 역사적으로도 그러합니다. 사마리아는 오므리가 세멜로부터 은 두 달란트를 주고 사서 성읍을 건축하고, 북 이스라엘의 수도로 삼은 곳입니다(왕상 16:24). 오므리의 아들 아합이 이방 여자 이세벨과 결혼한 후, 바알과 아세라 신당을 만들어 우상숭배를 한 장소입니다.

그리하여 하나님께서는 범죄한 북 이스라엘을 앗수르의 손에 넘겨 멸망시키셨습니다. 앗수르 왕은 이 지역에 여러 이방인들을 이주시켰습니다. 섞여 살게 된 이방인들이 하나님을 경외하지 않자 이스라엘인들은 이들 중 몇 사람을 죽였습니다. 이 보고를 받은 앗수르 왕이 포로로 잡아온 제사장 한 사람을 보내 하나님을 섬기는 법을 가르치게 했습니다. 그러나 이방인들은 여전히 자기 신을 섬겼고 남겨진 이스라엘 백성들은 하나님을 섬기기도 했습니다. 결국 이 지역은 온갖 신들을 섬기는 혼합주의가 대세를 이루었습니다(왕하 17:24~33). 후일, 에스라와 느헤미야의 지도로 예루살렘 성이 재건될 때에 사마리아인들은 자신들도 재건운동에 동참시켜 줄 것을 요청했습니다. 그러나 돌아온 유대인들이 보기에 사마리아인들은 불경건한 자들로 이해되어 거절당했습니다(스 4:1~6).

사마리아 여자가 예수님에게 도발적인 질문을 던진 이유는 이러한 역사적 배경 때문입니다. 예수님께서도 이 모든 것을 아시고 두 가지를 말씀하셨습니다. "하나님의 선물"과 "내가 네게 물 좀 달라 하는 이가 누구인 줄 알았더라면"(10절) 오히려 네가 물을 달라고 하였을 것이라고 답합니다. 그러자 여자는 조금도 주저함 없이 우물의 형편과 소유권을 말함으로 '당신이 누구냐?' 되묻습니다.

실제로 예수님께서는 물 긷는 그릇도 없었고, 우물은 깊었습니다. 더더욱 여자는 이 우물이 '우리 조상 야곱'이 그들에게 주신 선물이라 합니다. 여자의 판단은 현실적이었고 예리했습니다. 여자는 "당신이 지금 하나님의 선물을 이야기하고 자신이 누구인지 아느냐는 질문을 했는데, 나는 우리 조상 야곱으로부터 이 우물을 선물로 받았다"고 했습니다. 곧 우리는 야곱의 후예들이고 그 위대한 조상으로부터 이 우물을 선물로 받았다고 자부합니다. 그래서 여자는 "당신이 야곱보다 더 크니

이까?"(12절)라고 일격을 가했습니다.

영생수와 여자의 죄

눈에 보이는 것으로 자존심을 지킨 여자를 향하여 예수님께
서는 야곱의 우물 물과 자신이 주는 물을 대비시킵니다. "이
우물의 물을 아무리 많이 마셔도 곧 다시 목마를 것입니다. 그
러나 내가 주는 물은 영원히 목마르지 않을 것입니다. 나의 우
물은 영생을 주는 물입니다." 예수님께서 마치 이렇게 묻는 듯
합니다. "이 우물이 그렇게 자랑스러운가요? 그러나 이 물은
영원히 해갈할 수 없는 물입니다. 야곱의 후손이라는 사실이
당신의 목마름을 근본적으로 해결할 수 있나요? 내가 주는 물
을 마시세요. 영생수입니다."

여자는 드디어 눈에 보이는 물에 대한 이야기가 아님을 어렴
풋이 깨닫습니다. 그리고 그 물을 달라고 요청합니다. 그러자
너무나 뜻밖의 질문이 날아옵니다. 가까운 이웃 누구도 그녀
앞에서는 말하기 어려운 문제, 그녀 자신도 애써 외면하고 싶
은 문제, "가서 네 남편을 불러 오라"(16절).

여자는 남편이 없다고 합니다. 그러나 예수님께서는 그녀의
형편을 너무나 정확히 아셨습니다. 다섯 명의 남편이 있었고
지금 있는 남편도 자신의 남편이 아니라고 합니다. 음행은 모
든 이스라엘 백성의 삶에서 가장 심각한 범죄 중 하나입니다(출

20:14; 레 19:29; 민 25장; 겔 16:3~22). 숨겨진 죄는 정오의 태양 빛에 낱낱이 드러났고 야곱의 후예라는 자만심은 우물 속 깊이 가라앉았습니다.

참으로 예수님께서는 영생을 주시는 생수의 근원입니다. 죄를 제거하며 치료하고 사단의 권세 아래 있는 영혼에게 자유를 선물로 주십니다. "나를 믿는 자는 성경에 이름과 같이 그 배에서 생수의 강이 흘러나오리라 하시니 이는 그를 믿는 자들이 받을 성령을 가리켜 말씀하신 것이라"(요 7:38~39). 예수님께서는 자기 백성들에게 성령을 보내시고 성령님께서는 하나님께서 값없이 주시는 은혜를 알게 하시며 구원의 확신을 얻게 하십니다(신앙고백서 18:3).

뚫린 방패와 구원자의 검(말씀)

여자는 예수님을 드디어 선지자로 인정했습니다(19절). 어쩌면 모세가 예언한 바로 그 선지자로 이해했을 수도 있습니다(신 18:15). 그러나 아직 예수님을 메시아로 믿지는 않았습니다. 이제 여자는 마지막 질문을 던집니다. "우리 조상들은 이 산에서 예배하였는데 당신들의 말은 예배할 곳이 예루살렘에 있다 하더이다"(20절). 실제로 사마리아인들은 기원전 약 400년에 그리심 산에 자신들의 성전을 건축했습니다.

야곱의 후손을 자처하며, 나라가 앗수르에 의해 멸망할 때에 종교적 혼합주의에 노출되었지만 여전히 나름의 정통성을 주장하는 여인의 모습은 어찌 보면 안쓰럽기까지 합니다. 그러나 이는 사마리아 지역에 사는 대부분의 사람들의 보편적인 인식이었습니다. 여자는 자신의 죄를 꿰뚫어 보시는 예수님을 선지자로 인정하며 참다운 예배 장소에 대한 질문을 통하여 진정한 구원의 길을 모색합니다.

예수님께서는 그리심 산도 예루살렘도 아닌 아버지께 예배할 때를 말씀하셨습니다. 아버지께 영(성령)과 진리로 예배할 때가 오는데 지금이라 합니다. "영과 진리"로 예배하는 시대가 도래 했습니다. 이제 더 이상 옛 언약 아래 주어진 어떤 특정 장소(예루살렘 성전)와 특정한 방법(짐승 제사)이 아니라 진리의 성령으로 예배할 시대가 되었습니다. 옛것은 그림자입니다. 이제 실체이신 그리스도를 통하여 모든 것이 온전히 드러납니다(히 9:23~26).

예수님께서는 여자에게 강력하게 요청하십니다. "아버지께서는 자기에게 이렇게 예배하는 자들을 찾으시느니라."(23절) 구약의 예배도 죄를 제거하며 하나님과 자기 백성의 교제를 풍성하게 합니다. 단지 짐승의 피와 특정한 장소에서만 가능했습니다. 그러나 이제 새로운 예배의 시대가 왔습니다. 성령과 진리로 예배하는 자들에게 죄 사함과 하나님을 아버지로 모시고 교제하는 새 시대가 선포되었습니다. 그리고 이러한 새 시대에 이렇게 예배하는 자들을 하나님 아버지께서 찾으십니다.

예수님의 강력한 요청을 들은 여자는 메시아 곧 그리스도가 오시면 모든 것을 우리에게 알려 주실 것이라 합니다. 그러자 예수님께서는 "내가 그라"(26절)라고 못을 박으십니다. 영혼의 해갈을 기다리며 음행의 죄 아래 눌려 신음하던 여자의 방패가 뚫렸습니다. 우리 주님의 날카로운 말씀의 검이 견고한 여자의 방패를 산산이 부서뜨렸습니다.

구원의 고백과 바뀐 삶

여자는 물동이를 던지고 동네로 들어갔습니다. 사람들에게 외칩니다. "내가 행한 모든 일을 내게 말한 사람을 와서 보라 이는 그리스도가 아니냐"(29절). 여자는 자신의 과거를 부끄러움 없이 동네 사람들에게 고백합니다. 그리스도를 만나 가슴 속 깊은 곳에 맺힌 응어리가 풀렸습니다. 영혼의 목마름이 순식간에 사라졌습니다. 죄 용서의 기쁨과 환희가 그녀를 동네 사람들에게 예수님을 소개하는 전도자의 모습으로 바꾸어 놓았습니다. 우리 고백서의 가르침대로 "그의 마음에는 성령 안에 있는 화평과 희락, 하나님을 향한 사랑과 감사, 순종의 의무를 다하는 힘과 즐거움이 증대하리니, 곧 확신에 속한 적합한 열매들이" 풍성히 맺혔습니다(신앙고백서 18:3).

"그가 내가 행한 모든 것을 그가 내게 말하였다"라는 죄 많

은 한 여성의 고백은 많은 사마리아인들로 하여금 예수님을
그리스도로 믿는 계기가 되었습니다(요 4:39). 사마리아인들은 자
기들과 함께 머물 것을 부탁했습니다. 예수님께서는 이틀을
더 머무셨습니다. 더 많은 사람들이 믿음을 얻었습니다.

한 모금의 우물물로 시작된 여인과의 대화는 생수에 대한 계
시와 여자의 추하고 더러운 죄를 지적하며 진정한 구원의 새
시대에 대한 가르침으로 이어졌습니다. 이를 통하여 여인은
예수님을 영생을 선물하는 구원자요 하늘의 비밀을 낱낱이 드
러내는 그리스도로 받아드렸습니다.

참 성전이신 예수님께로부터 물이 흘러 이방인보다 더 못한
사마리아인이 되살아났습니다. 죄 많은 여자의 영혼이 소생했
습니다(겔 47:8~12 참고). 유대인과 사마리아인과 이방인의 구별이
사라졌습니다. 이방도 빛을 얻는 시대가 왔습니다. 야곱과 그
의 자녀들, 짐승들에게 안식을 제공한 물과 비교도 할 수 없는
영생의 물이 예수님으로부터 흘러갔습니다. 예수님께서는 야
곱보다 더 크신 분이십니다.

주 예수님을 참되게 믿으며 그분을 신실하게 사랑하고 그분
앞에서 선한 양심을 따라 행하기를 애쓰는 자들은, 자신들이
은혜의 상태에 서 있다는 사실을 현세에서 확신하며, 하나님
의 영광을 소망하며 즐거워할 수 있으니, 이 소망은 그들로 하
여금 결코 부끄러움을 당하지 않게 할 것입니다(신앙고백서 18:1).

1. 유대인들이 사마리아인들과 상종하지 않은 역사적 배경은 무엇입니까?

2. 예수님께서 영생수가 되심은 예수님의 어떤 사역을 통하여 어떻게 드러납니까?

3. 옛 시대와 새 시대의 예배를 비교해 봅시다.

4. 구원의 확신을 얻은 사마리아 여자가 보인 행동은 무엇이며, 이를 통해 배우는 영생수를 얻은 믿는 자들의 삶이 어떠한지 설명해 봅시다.

5. 사마리아 여인은 예수님과의 만남을 통해 삶이 바뀌었습니다. 여러분들은 예수님을 만난 후 어떻게 삶이 바뀌었는지 서로 나누어 보세요.

14

안식일의 주인이신 예수님

마태복음 12:1~21 | 고백서 19장 하나님의 법

19장 하나님의 법

19.1 하나님께서는 아담에게 한 법을 행위언약으로 주심으로 그와 그의 모든 후손에게 인격적이며, 전적이고 엄밀하고 지속적인 순종의 의무를 지우셨고, 언약 성취에 생명을 약속하셨고 파기에 사망을 경고하셨으며, 그에게 언약을 지킬 수 있는 힘과 능력도 부여하셨다.

19.2 이 율법은 그가 타락한 후에도 여전히 의(義)에 관한 완전한 법칙이었고, 하나님께서는 이 법과 같은 의의 법칙을 시내산에서 십계명으로 주시고 두 돌판에 새기셨다. 첫 네 계명들은 하나님을 향한 우리의 의무를, 나머지 여섯 계명들은 사람을 향한 우리의 의무를 담고 있다.

19.5 도덕법은 의롭다 함을 받은 자들이나 그 밖의 사람들까지도 순종하도록 정해져 있다. 즉 그 안에 담겨있는 내용의 입장에서뿐만 아니라 그 법을 주신 창조주 하나님의 권위의 관점에서 보더라도 그러하다. 그리스도께서도 복음에서 이 법의 구속력을 조금도 해소하지 않으셨고 오히려 크게 강화하셨다.

19.6 참 신자들은 행위언약으로서의 율법 아래 있지 않고 그 법에 의해 의로워지거나 심판받지는 않는다 하더라도, 이 법은 자기에게나 타인에게 크게 유익하다. 이는 이 법이 삶의 법칙으로서 그들에게 하나님의 뜻과 그들의 의무를 알려주고, 그들의 본성과 마음과 삶이

죄로 오염되어 있다는 것을 더 발견하게 하여, 그들이 법대로 행하도록 지시하고 정하기 때문이다. 마찬가지로 그들은 이 법으로 자신을 살핌으로써 더욱더 죄를 확신하게 되며 죄 때문에 겸손해지고 죄를 미워하게 되고, 자기들이 그리스도를 필요로 한다는 것과 그분의 완전한 순종을 더욱더 분명하게 직시하게 된다. 마찬가지로 율법은 중생한 자들에게도 쓸모가 있는데, 이는 율법이 죄를 금함으로 그들의 부패성을 제어하기 때문이다. 그리고 율법의 위협들은 비록 그들이 율법에서 경고한 저주에서 자유함을 얻었다 하더라도, 그들이 죄로 인해 받아야 할 마땅한 벌이 무엇인지, 자기들이 죄 때문에 어떤 환난을 현세에서 당하게 될지를 보여주는데 이바지한다. 마찬가지로 그 법의 약속들은 하나님께서 순종을 인정하신다는 사실과 (행위언약으로서 율법에 의하여 그들의 몫으로 이 복들이 주어지는 것이 아니라 하여도), 그 법을 준행함으로 어떤 복들을 기대할 수 있는지를 보여준다. 마찬가지로 법이 선을 장려하고 악을 금하기 때문에 어떤 사람이 선을 행하고 악을 멀리한다 하여도, 이것이 그가 율법 아래 있고 복음 아래 있지 않다는 증거가 될 수 없다.

14 안식일의 주인이신 예수님
마태복음 12:1~21 | 고백서 19장 하나님의 법

바리새인들의 공격과 예수님의 답변

신약성경에는 오늘 본문 외에 안식일과 관련한 사건이 여러 번 있습니다(막 1:23~28; 눅 13:10~17, 14:1~6; 요 5:1~10, 9:1~41). 본문은 두 가지 큰 사건을 중심으로 전개됩니다. 제자들이 배가 고파 밀 이삭을 잘라 먹은 것과 예수님께서 한쪽 손 마른 사람을 고쳐주신 사건입니다. 두 사건은 모두 안식일에 일어났습니다. 두 사건의 여파는 상당했는데, 이 일 후에 바리새인들은 예수님을 죽이려고 의논했습니다(14절).

예수님의 제자들이 안식일에 밀 이삭을 잘라 먹는 행위가 바리새인들에게는 안식일을 범한 것으로 이해되었습니다. 바리새인들은 예수님과 제자들이 하나님의 법을 심각하게 훼손했다고 생각했습니다. 그래서 회당에서는 더 공격적인 태도를 취합니다. 곧 예수님을 고발하기 위해 안식일에 병을 고치는 것이 옳은지 물었습니다. 그들의 의도적인 물음에 예수님께서는 더 명료하게 대답하셨습니다. 그리고 곧 손 마른 사람을 고쳐주셨습니다.

바리새인들의 공격에 대해 예수님께서는 몇 가지 구약 사건과 본문으로 답을 대신하셨습니다. 첫째는 다윗이 도망 중 놉 땅에 이르러 제사장 아히멜렉으로부터 성소의 진설병을 먹은 사건입니다. 둘째는 제사장들이 안식일에 성전에서 일을 했는데도 아무런 문제가 없었다는 것입니다.

회당에서 고발할 거리를 찾는 바리새인들에게 구덩이에 빠진 양을 안식일에도 구한다고 했습니다. 그리고 이어서 안식일에 선을 행하는 것이 옳다고 하셨습니다. 또한 여러 병든 자들을 고친 후에 이사야 42장을 인용하여 자신의 사역이 갖는 의미를 밝히 드러내셨습니다.

왜 바리새인들은 제자들이 밀 이삭을 잘라 먹은 것과 예수님께서 병자를 고친 것이 안식일을 범한 것으로 보았을까요? 그들은 율법의 역할을 오해했습니다. 곧 율법을 구원의 방편으로 생각했습니다. 더불어 하나님께서 주신 법외에 수많은 다른 규칙들을 만들어 그러한 것들을 잘 지키는 것이 구원의 길이라 착각했습니다.

그래서 예루살렘에서 안디옥에 온 유대인들이 할례를 받아야 구원을 얻는다고 주장했습니다. "어떤 사람들이 유대로부터 내려와서 형제들을 가르치되 너희가 모세의 법대로 할례를 받지 아니하면 능히 구원을 받지 못하리라 하니"(행 15:1). 하지만 바울은 이들의 주장이 틀렸다고 했습니다. 율법은 죄를 깨닫게 하는 역할을 한다고 했고, 율법을 행함으로가 아니라 믿음으로 의롭게 된다고 가르쳤습니다. "그러므로 율법의 행위로 그의 앞에 의롭다 하심을 얻을 육체가 없나니 율법으로는 죄를 깨달음이니라"(롬 3:20), "그러므로 사람이 의롭다 하심을 얻는 것은 율법의 행위에 있지 않고 믿음으로 되는 줄 우리가 인정하노라"(롬 3:28).

또한 그들이 스스로 덧붙인 규칙을 생각해 보겠습니다. 십계명에 안식일을 기억하여 거룩히 지키라 했고, 이 날에는 아무런 노동도 하지 말라고 했으니 그 말씀을 더욱 잘 지키려고 자신들이 온갖 규칙을 만들어 율법과 동등한 권위를 부여했습니다. 예를 들면, 안식일에 2,000규빗(약 1.2km) 이상 움직이면 일을 한 것으로 간주하여 안식일 법을 어겼다고 이해했습니다.

이와 같은 이유 때문에 바리새인들은 제자들의 이삭 잘라 먹는 행위를 추수로 보아 안식일을 어겼다고 주장했습니다. 또한 예수님께서 병자를 고치신 사건도 안식일 준수의 의무를 위반한 것으로 이해했고, 결국에는 극도의 적개심으로 죽일 것을 의논했습니다.

안식일 법을 통해 드러난 구속사역

안식일 법은 십계명 중 네 번째 계명입니다. 고백서는 십계명을 의의 법칙이라 가르칩니다. 첫 네 계명들은 하나님을 향한 우리의 의무를 담고 있고, 나머지 여섯 계명들은 사람을 향한 우리의 의무를 담고 있다고 말합니다(신앙고백서 19:2).

하나님께서는 창조사역을 완성하신 후 일곱째 날에 안식하셨습니다(창 2:1~2). 이렇듯 안식일은 하나님의 안식에 근거합니다(출 20:11). 창조사역에서 행하신 하나님의 안식은 하나님께서 의도하신 모든 것들이 온전히 이루어졌음을 확증하고 즐기는 행위입니다. 곧 하나님께서 원하시는 대로 왕국이 건설되었음을 인정하고, 그것을 즐기는 날이 안식일입니다.

동시에 종으로 살았던 애굽으로부터의 해방과 자유를 기념하는 날이기도 합니다(신 5:15). 사단의 권세 아래 있으며 죄의 노예로 있던 택한 백성들이 하나님의 은혜로 구원받은 사건이 바로 출애굽입니다. 그러므로 창조에서의 안식일이나 출애굽에서의 안식일은 모두 하나님께서 꿈꾸시던 왕국 건설을 즐거워하며 더 온전한 안식을 향하여 전진하는 날입니다.

진정한 안식은 영생을 얻은 백성들에게 주어지는 하늘의 복입니다. 아담과 하와는 하나님께서 제정하신 안식일을 통해 완성된 하나님 나라를 소망하며 자신에게 주어진 직무에 충실해야 했습니다. 그러나 그들은 범죄함으로 그 안식을 상실했습니다.

하나님께서는 이스라엘 백성들에게 안식일의 법을 주심으로 중단된 안식을 소망하게 하셨습니다. 이 안식에 들어가기 위해서는 죄로부터 해방되어야 합니다. 그것이 바로 출애굽 사건을 통해 보여준 참다운 안식에 대한 가르침입니다. 나아가 이스라엘은 죄로부터 해방이라는 소극적 차원의 안식뿐만 아니라 적극적인 안식을 이루어야 합니다. 하나님 나라를 더욱 풍성하게 드러내는 삶이야말로 언약 백성들이 지켜야 할 안식일 법의 목표입니다.

안식일과 예수님의 사역

밀 이삭을 먹은 제자들에 대한 바리새인들의 비난은 십계명에서 말하는 안식일 법의 의미를 깨닫지 못한 무지의 결과입니다. 사실 제자들의 행위는 엄격히 말해 율법을 위반하지 않았습니다. 신명기 23:25은 "네 이웃의 곡식밭에 들어갈 때에는 네가 손으로 그 이삭을 따도 되느니라 그러나 네 이웃의 곡식밭에 낫을 대지는 말지니라"고 합니다.

바리새인들은 제자들의 행위를 낫을 댄 것으로 규정했습니다. 그러나 이것은 바리새인들 스스로가 만든 규칙이었습니다. 더 중요한 것은 추수를 했느냐 그렇지 않느냐의 문제가 아니었습니다. 안식일 법이 담고 있는 진정한 의미를 전혀 이해하지 못한 것입니다.

예수님께서는 다윗이 놉에서 진설병을 먹었고 제사장들은 안식일에 성전 안에서 일한다고 하심으로 바리새인들의 항변을 일소하셨습니다. 그리고 자신이 성전보다 더 크다고 하셨습니다. 왕이요 제사장으로 오신 예수님이야말로 다윗보다 더 크신 분이요, 참 성전이십니다(마 22:42~45; 요 2:21). 그래서 예수님께서는 "인자는 안식일의 주인이니라"(8절)고 하셨습니다.

인자가 안식일의 주인이라는 예수님의 선언은 창조사역에서의 하나님의 선언을 상기시킵니다. 천지와 만물이 다 이루어진 후에 하나님께서는 안식하셨습니다. 곧 하나님께서는 천지와 만물의 주인으로서 자신이 만든 왕국을 즐기셨습니다. 예수님께서도 왕과 제사장으로서 자기 백성들에게 진정한 안식을 제공하심으로 자신이 안식일의 주인공이라 하셨습니다.

성전은 제사를 드리는 곳입니다. 그곳에는 항상 동물의 피가 뿌려졌고 그로 말미암아 죄인들의 죄가 용서받았습니다. 즉, 사람이 지은 죄를 짐승으로 대속했습니다. 성전은 바로 사죄의 은총이 임하는 공간입니다. 그래서 예수님께서는 자신이 성전보다 크다고 하셨습니다. 우리는 이러한 의미를 병자를 치료하는 일에서 더욱 분명히 깨닫습니다.

예수님을 고소하기 위해 안식일에 병자를 고치는 일이 옳으냐고 묻는 이들을 향하여 우리 주님께서는 손 마른 자의 병을 치료하셨습니다. 우리는 여기에서 질병에 대한 이해를 정확히 해야 합니다. 모든 질병은 옛 언약 백성들에게 언약의 저주입니다. 이스라엘 백성들은 하나님과 언약을 맺었습니다. 백성들이 하나님과 맺은 언약을 성실히 지키면 그들에게 엄청난 복이 임합니다.

신명기 28장과 레위기 26장은 언약의 복과 저주 항목을 꼼꼼히 나열합니다. 각종 천재지변은 언약의 저주입니다. 전염병, 흉년, 전쟁, 출생의 멈춤 등이 이에 해당합니다. 이런 모든 것들이 언약의 저주입니다. 그러므로 예수님 당대의 언약 백성들에게 임한 질병도 언약의 저주입니다. 이스라엘이 언약의 저주를 받는 이유는 오직 한 가지입니다. 그들이 하나님과 맺은 언약에 충성하지 않았기 때문입니다. 곧 제사장 나라로 부름 받은 그 목적에 합당하게 행하지 못했기에 나타난 결과입니다.

신약성경에 등장하는 예수님의 모든 치료행위는 단 하나도 빠짐없이 언약의 관점에서 이해해야 합니다. 예수님께서 자기 백성에게 임한 언약의 저주를 거두셨습니다. 그리고 저주를 복으로 바꾸셨습니다. 이는 예수님이야말로 언약의 저주 아래 있는 자기 백성들을 대신하여 그 저주를 받으실 분이시기 때문입니다.

병자의 치료는 병자가 질병으로부터 자유롭게 되었다는 사실을 강조하지 않습니다. 죄로부터 자유입니다. 진정한 안식에 참여함입니다. "아담에게 한 법을 행위언약으로 주심으로 그와 그의 모든 후손에게 인격적이며, 전적이고 엄밀하고 지속적인 순종의 의무를 지우셨고, 언약 성취에 생명을 약속하셨고 파기에 사망을 경고하셨으며"(신앙고백서 19:1). 바로 여기, 언약 파기에 사망을 경고하신 그 내용이 시내 산 언약에서 다양한 언약의 저주 형태로 나타났습니다.

그래서 고백서는 아담에게 주어진 율법에 대해 설명하길, "이 율법은 그가 타락한 후에도 여전히 의(義)에 관한 완전한 법칙이었고, 하나님께서는 이 법과 같은 의의 법칙을 시내산에서 십계명으로 주시고 두 돌판에 새기셨다."라고 했습니다(신앙고백서 19:2).

예수님께서는 안식일 법을 완전하게 하셨습니다. 자신이 왕과 제사장으로 참 안식을 제공할 능력의 하나님이심을 선언하셨습니다. 언약의 저주 아래 있는 자를 깨끗하게 함으로 언약의 복을 누리게 하셨습니다. 주님은 친히 복음에서 이 법의 구속력을 조금도 해소하지 않으셨고 오히려 크게 강화하셨습니다(신앙고백서 19:5). 그러므로 신자들은 이 법을 삶의 법칙으로 삼아야 하고, 이 법으로 자신을 살핌으로써 더욱더 죄를 확신하게 되며, 죄를 미워하게 되고, 그리스도를 필요로 한다는 것과 그분의 완전한 순종을 더욱더 분명하게 직시하게 됩니다(신앙고백서 19:6).

1. 바리새인들이 율법에 대해 오해한 것은 무엇이며, 성경이 가르치는 율법의 역할은 무엇인지 설명해봅시다.

2. 안식일이 주어진 배경에는 무엇이 있으며, 안식일 법의 목표는 무엇입니까?

3. 신앙고백서 19장 2절은 안식일 규례가 하나님께 대한 사람의 의무라고 말합니다. 그러나 이 의무가 사람에게 복인 이유가 무엇입니까?

4. 예수님께서 안식일의 주인이심을 예수님께서 성전 되심을 통해 설명해보고, 예수님께서 안식일을 성취하셨다는 의미를 설명해봅시다.

5. 오늘날 주일을 보내는 자신의 모습 속에 하나님 나라를 세워가는 즐거움이 있는지 나누어봅시다.

15

기독신자의 자유

로마서 14:13~15:1 | 고백서 20장 기독신자의 자유와 양심의 자유

20장 기독신자의 자유와 양심의 자유

20.1 그리스도께서 복음 아래에서 신자들을 위하여 값 주고 사신 자유에는 죄책과 하나님께서 심판하시는 진노와 도덕법의 저주로부터의 자유, 악한 현세와 사탄의 속박과 죄의 지배와 환란의 불행과 사망의 쏘는 것과 음부의 승리와 영원한 심판으로부터 구출 받는 것, 하나님께 담대하게 나아감, 종의 두려움이 아니라 자녀의 사랑과 자발적인 마음으로 하나님을 순종함 등이 있다. 이 모든 것은 율법 아래 있던 신자들에게도 동일하였다. 그런데 새 언약 하에서 신자의 자유는 확장되어 그들은 유대교회가 복종했던 의식법의 굴레에서 자유로우며, 율법 아래 있던 신자들이 통상적으로 참여한 것보다 은혜의 보좌에 더욱더 담대하게 나아가며, 하나님의 너그러운 성령과 더욱 풍성하게 교제하는 데까지 이르렀다.

20.4 하나님께서 제정하신 권세와 그리스도께서 값 주고 사신 자유로써 서로를 파괴하지 않고 서로 지지하고 보존하는 것이 하나님의 의도이기 때문에, 기독자의 자유를 빌미로 삼아 시민적이든 교회적이든 어떤 합법적인 권세나 그 권세의 행사를 반대하는 자들은 하나님의 규례를 저항하는 셈이다. 그런 의견들을 발표하거나 그런 행위를 지속하는 것은 본성의 빛, 믿음과 예배와 교제에 대하여 기독교가 밝힌 원리, 그리고 경건의 능력과도 배치된다. 또한 그런 그릇된 의견과 행동들은 그 자체로나, 이것들을 발표하고 지속하는 방식에서도 그리스도께서 교회 안에 확립하신 외적 화평과 질서를 파괴한다. 그런 자들은 교회의 권징과 국가기관의 권세에 의해 합법적으로 문책받고 피소되어야 마땅하다.

15 기독신자의 자유
로마서 14:13~15:1 | 고백서 20장 기독신자의 자유와 양심의 자유

로마에 있는 교회에 닥친 위기

교회 안에는 항상 강한 자와 약한 자가 공존합니다. 성경의 가르침에 정통하여 모든 사안을 분별하는 사람을 강한 자라 합니다. 연약한 사람은 이와는 반대로 옳고 그름을 분별하는 일에 미숙하며, 성경에 대한 이해도 그다지 높지 않습니다. 강한 자와 약한 자가 로마의 교회 안에도 있었습니다. 두 부류의 성도들 사이에 격렬한 논쟁이 발생했습니다.

두 가지 문제가 논쟁의 대상이었습니다. 먹고 마시는 문제와 날에 대한 문제였습니다. 날에 대한 문제보다 먹고 마시는

문제가 더 첨예한 대립을 일으켰습니다. 강한 자들은 고기나 채소, 그리고 포도주를 마음껏 즐겼습니다(21절). 약한 자들은 채소만 먹었습니다. 오늘날 그리스도인들에게는 이 문제가 그리 큰 문제는 아닙니다. 하지만 초대 교회 당시에는 대단히 심각한 문제였습니다.

먹고 마시는 문제는 로마에 있는 교회에서도 가벼운 문제가 아니었습니다. 이것 때문에 강한 자들이 약한 자들을 비판하고 업신여겼습니다(롬 14:1,3). 반대로 약한 자들은 강한 자들을 판단했습니다. 로마서 14:3에서 "먹지 않는 자는 먹는 자를 비판하지 말라"고 했는데, '비판'이라는 말씀은 '재판하다', '판결하다'는 의미입니다. 성도들 상호 간에 비난하고 업신여기며 정죄(판단)하는 일은 결코 정상적이지 않습니다. 이는 하나 되어 서로 사랑하라는 주님의 명령을 정면으로 거스르는 죄악입니다.

사도 바울은 같은 문제의 해법을 고린도교회에도 가르쳤습니다. 고린도교회도 이 문제로 큰 어려움을 경험했습니다(고전 8장 참고). 이를 미루어 볼 때 먹고 마시는 문제가 초대 교회 전반에 걸쳐 대단히 심각한 문제였음을 알 수 있습니다. 바울은 고린도전서에서 "우상의 제물에 대하여는"이라는 표현을 했습니다(고전 8:1). 먹고 마시는 문제는 그만큼 초대 교회 당시에 큰 논쟁거리였습니다.

1세기 당시의 로마는 다신교 사회였습니다. 바울이 아테네에서 복음을 전할 때, 그곳 사람들의 종교심에 대해 말하면서 "알지 못하는 신에게라고 새긴 단도 보았으니"라고 했습니다(행 17:23). 그 시대 사람들은 이름 없는 신을 섬기기도 했습니다. 이러한 환경은 유통되는 고기를 포함하여 상당량의 음식이 제사용품이라는 증거입니다. 곧 그리스도인들이 먹는 대부분의 음식이 우상 제물이라는 것입니다. 그러므로 초대 교회 성도들에게 먹고 마시는 문제는 매우 중대한 사안이었습니다.

초대 교회 성도들의 어려움

위에서 말씀드린 초대 교회 성도들의 어려움을 좀 더 다른 각도에서 살피겠습니다. 예수님 당시는 두 시대가 겹쳐져 있습니다. 옛 언약 백성인 이스라엘과 새 언약 백성인 교회가 함께 있었습니다. 우리 주님의 촛대가 옛 백성인 이스라엘에서 새 백성인 교회로 넘어가는 시기였습니다. 이것은 그 시대 사람들에게 무척 혼란스러운 시기였습니다. 특별히 구약의 법과 규례가 여전히 지속되는가 하면, 다른 한편으로 옛 법이 새 법으로 바뀌는 시기였습니다.

예를 들면, 안식일을 지키던 규례가 교회에서는 주의 날을 지키는 것으로 바뀌었습니다. 짐승으로 드리던 제사가 예배로 바뀌었습니다. 그렇다면, 옛 법이 언제 완전히 사라졌습니까?

다르게 표현해서 짐승을 잡아 드리는 제사(예배)는 언제 완전히 사라졌습니까? 어떤 이들은 오순절 성령 강림 이후에 구약의 모든 의식법이 사라졌다고 했습니다. 그러나 이러한 주장은 사실이 아닙니다. 오히려 예루살렘 멸망이나 계시의 종결 시점에 완전히 사라졌습니다.

특히 유대인이었다가 교회의 지체가 된 성도들은 옛 법을 여전히 존중했습니다. 예루살렘교회는 새로운 성전이신 예수님 안에서 죄 사함의 은혜를 누렸습니다. 그러나 그들은 여전히 날마다 성전에 모였습니다(행 2:46). 바울은 서원을 지키기 위해 겐그레아에서 머리를 깎았습니다(행 18:18). 예루살렘에서 바울은 서원한 네 사람과 함께 결례를 행하고 율법을 지키는 것을 증명했습니다(행 21:23~26). 심지어 바울은 디모데에게 할례를 행하였습니다(행 16:3). 예루살렘에서 올라온 어떤 이들이 할례를 받아야 구원을 얻는다고 안디옥에서 가르칠 때, 바울은 할례에 극렬하게 반대했습니다(행 15:1~2). 그러던 그가 디모데에게는 할례를 행했습니다.

이와 같은 문제 중 하나가 음식 문제입니다. 율법에 의하면 언약 백성들이 먹을 수 있는 것과 먹을 수 없는 것이 명확하게 구별됩니다. 우리는 구약성경 여러 곳에서 정결한 것과 부정한 것의 구별을 읽습니다(레 11장). 이 규례에 따르면, 돼지고기는 먹을 수 없습니다. 그러나 소고기는 먹을 수 있습니다. 동시에 부정한 것과 접촉한 것은 모두 부정합니다. 그러니 초대 교회 성도들 가운데 우상에게 바쳐진 음식을 먹는 것이 얼마나 심각한 문제였겠습니까!

사도 바울이 제시한 해법

사도인 바울은 로마교회 가운데 일어난 논란의 근본 문제를 잘 이해했습니다. 사실 바울은 오늘 본문 14절에서 "무엇이든지 스스로 속된 것이 없으되"라고 했고, 20절에서는 "만물이 다 깨끗하되"라고 했습니다. 사도는 더 이상 구약의 음식 규례가 문자적으로 지켜지지 않음을 알았습니다. 구약성경에서 가르치는 음식 규례가 예수 그리스도 안에서 성취되어 더 깊고 놀라운 하나님 나라의 도리를 가르치는 방편이 됨을 알았습니다.

그러나 로마교회 성도들은 음식 규례 때문에 서로를 비난하고 정죄하는 도구로 삼았습니다. 서로 사랑하며 아껴야 할 성도들이 마치 원수를 비방하듯이 비방하며, 원수를 정죄하듯이 정죄했습니다. 음식 규례는 하나님 나라의 본질과 원리를 이해하는 큰 도구임에도 불구하고 그 도구를 서로를 정죄하며 비난하는 용도로 사용했습니다.

첫 사람 아담이 하나님으로부터 선악을 알게 하는 나무 열매를 먹지 말라는 명령을 받았습니다. 이는 먹는 문제가 단순히 사람의 생존에 필요한 것을 넘어서는 특별한 의미를 지니고 있다는 뜻입니다. 먹는 문제는 하나님 아버지께 순종하며 그 순종이 하나님과 맺은 언약에 충실한 표이고, 나아가 하나님과 깊은 교제를 이루는 방편이 됨을 가르칩니다. 구약 백성들에게 있어 먹는 문제와 관련된 규례는 이를 통하여 이 백성이 하나님께 순종하며, 그 순종을 통하여 거룩함을 유지하는 유일한 길이 무엇인지 배우는 수단이었습니다. 구약 백성들은 이 법을 통하여 하나님께서 그들을 먹이시고, 그분 안에서만 삶이 유지되며, 그 말씀에 순종함으로 거룩한 백성이 됨을 배웠습니다.

율법의 마침이요 완성자이신 그리스도께서 모든 것을 성취하셨습니다. 그리스도 안에서 속된 음식은 없습니다. 그래서 바울은 고린도전서 8:8에서 "음식은 우리를 하나님 앞에 내세우지 못하나니 우리가 먹지 않는다고 해서 더 못사는 것도 아니고 먹는다고 해서 더 잘사는 것도 아니니라"고 했습니다. 오늘 본문에서는 음식 규례가 어떻게 완성되었는지를 설명하는 데 머무르지 않고 좀 더 깊은 의미를 가르쳤습니다. "하나님의 나라는 먹는 것과 마시는 것이 아니요 오직 성령 안에 있는 의와 평강과 희락이라"(17절). 곧 먹는 문제가 지향하는 바는 성령 안에서 누리는 의와 평강과 희락입니다. 교회는 그리스도를 먹고 마심(성찬)으로 의와 평강과 희락을 누립니다.

교회는 죄인이었던 자리에서 그리스도의 십자가 은혜로 자유롭게 되었습니다. 고백서는 이를 "죄책과 하나님께서 심판하시는 진노와 도덕법의 저주로부터의 자유"라고 했습니다(신앙고백서 20:1). 그렇게 자유를 얻은 교회의 지체들이 서로를 향하여 비난과 판단을 했습니다. 자유를 얻은 자들이 자신들을 정죄하고 판단하던 그 판단에 빠지는 오류를 범했습니다. 그래서 바울은 "그런즉 우리가 다시는 서로 비판하지 말고 도리어 부딪칠 것이나 거칠 것을 형제 앞에 두지 아니하도록 주의하라"고 했습니다(13절).

강한 자가 약한 자의 약점을 담당해야

강한 자는 마땅히 연약한 자의 약점을 담당해야 합니다(롬 15:1). 새 시대가 되어 교회는 새 언약 하에서 신자의 자유는 확장되어 그들은 유대교회가 복종했던 의식법의 굴레에서 자유했습니다(신앙고백서 20:1). 음식 규례도 동일합니다. 그러나 강한 자들은 그리스도께서 완전하게 하신 그 은혜를 감사함으로 받아 누리는 것에서 끝나지 않고 여전히 음식 규례를 지키려고 하는 자들을 무지한 자라 업신여겼습니다. 한편, 약한 자들은 자신들의 어리석음과 그리스도를 통하여 성취된 놀라운 은혜를 온전히 깨닫지 못하고 아무 음식이나 구별 없이 먹는 성도들을 향하여 판단(정죄) 했습니다.

그래서 고백서는 "하나님께서 제정하신 권세와 그리스도께서 값 주고 사신 자유로써 서로를 파괴하지 않고 서로 지지하고 보존하는 것이 하나님의 의도이기 때문에"라고 했습니다(신앙고백서 20:4). 사도 바울도 연약한 성도들을 위하여 21절에서 "고기도 먹지 아니하고 포도주도 마시지 아니하고 무엇이든지 네 형제로 거리끼게 하는 일을 아니함이 아름다우니라"고 했습니다.

먹고 마시는 일은 하늘의 신비를 가르치는 도구였습니다. 하나님께서는 자기 백성을 친히 먹이시는 목자이십니다(창 1:29; 겔 34:7~24; 시 23편; 요 10:1~18). 범죄한 백성들에게 정한 음식과 부정한 음식의 규례를 주심으로 생명의 양식이신 그리스도를 바라보게 하셨습니다(요 6:48~51,53~58). 이 면에서 음식 규례도 몽학선생과 같았습니다.

이제 신약 교회는 예배 가운데 그리스도를 먹고 마시며, 삶 속에서 모든 것을 먹음으로 자유를 누리고 구원을 즐깁니다. 참으로 하나님 나라는 먹는 것과 마시는 것에서 끝나는 것이 아닙니다. 이 나라는 이 먹고 마심을 통하여 의와 평강과 희락으로 나아가야 합니다. 그런데 로마의 교회 성도들은 이것을 자신의 자유로 삼아 약한 성도들을 비방하였고, 다른 한편의 사람들은 이 영광을 이해하지 못하여 아무 음식이나 먹는 이들을 정죄했습니다. 우리의 자유까지도 연약한 성도를 위해

매어 버리는 성도들이 됩시다.

1. 먹고 마시는 문제로 인해 로마교회 성도들은 서로 논쟁하였습니다. 이들의 잘못은 무엇이며 이에 대해 롬 14:14에서 바울이 가르치는 바는 무엇입니까?

2. 초대교회 시기의 어려움을 옛 언약과 새 언약이 겹쳐져 있는 측면으로 설명해 봅시다.

3. 하나님께서 율법을 통해 음식 규례를 주신 이유는 무엇입니까? 그리고 그리스도 안에서 성취된 이 규례는 우리에게 어떻게 적용됩니까?

4. 음식 규례가 바라보게 하는 것은 무엇이며, 신약 교회는 먹고 마시는 문제에 있어서 어떤 태도를 가져야 합니까?

5. 이번 과에서 강한 자가 약한 자의 약점을 담당해야 한다고 배웠습니다. 현재 자신이 감당해야 하는 부분은 무엇일지 생각해봅시다.

16

천상의 예배 공동체인 교회

히브리서 12:18~24 | 고백서 21장 종교적 예배와 안식일

21장 종교적 예배와 안식일

21.1 본성의 빛은 만물 위에 주권과 통치권을 가지시고, 선하시며 만물에 대해 선을 행하시는 한 분 하나님께서 계심을 보여준다. 따라서 마음과 목숨과 힘을 다하여 그분을 경외하고 사랑하고 찬양하고 부르며 의뢰하고 섬겨야 한다. 그러나 참 하나님께서는 자기에게 예배드리는 것에 관한 받음직한 방식을 직접 제정하시고 자기가 계시하신 뜻으로 제한하셨으니, 사람의 고안물이나 상상, 혹은 사탄의 제안을 따라, 혹은 보이는 형상 아래에서, 혹은 성경에 지시되어 있지 않은 방식으로 하나님을 예배해서는 안 된다.

21.2 종교적 예배는 하나님, 곧 성부, 성자와 성령께 드려야 하며, 천사나 성인(聖人)이나 어떤 피조물이 아니라 오직 그분에게만 드려야 한다. 타락 이후에는 중보자가 계셨으니, 다른 어떤 이가 아니라 오직 그리스도의 중보로 예배해야 한다.

21.5 통상적으로 하나님을 예배하는 다른 순서로는, 경외함으로 행하는 성경 봉독, 건전한 설교, 하나님을 순종함으로 총명과 믿음과 공경으로 말씀을 신실하게 경청함, 마음의 감사가 담긴 시편 부르기, 그리스도께서 제정하신 성례를 합당하게 집례함과 그에 상응하는 참여 등이 있다. 이 외에도 종교적 서약과 그리고 서원, 진지한 금식과 특별한 기회에 드리는 감사 등도 거룩한 종교적 방식으로 여러 기회와 시기에 행하여야 한다.

21.7 일반적으로 하나님을 예배하기 위해 적정한 비율의 시간을 구별하는 것이 자연적 법칙이거니와, 하나님께서는 자기의 말씀에서 적극적이고 도덕적이며 항구적인 계명으로 모든 시대 모든 사람에게 부과하시사 특별히 칠일 중에 하루를 안식일로 지정하시고 자기를 위하여 거룩하게 지키라고 하셨다. 이날은 창세로부터 그리스도의 부활까지는 한 주간의 마지막 날이었는데, 그리스도의 부활부터는 주간의 첫날로 바뀌었으며, 성경은 그날을 주일이라 부르며 세상 끝날까지 기독자의 안식일로 계속될 것이다.

16

천상의 예배 공동체인 교회
히브리서 12:18~24 | 고백서 21장 종교적 예배와 안식일

교회가 만난 고난

사도들이 활동하던 시기에 교회를 핍박한 가장 큰 대적은 누구였을까요? 흔히 교회를 가장 극렬히 공격한 세력으로 로마를 생각합니다. 그러나 신약성경은 로마라는 국가와 비교할 수 없을 정도로 교회를 핍박한 한 세력을 언급합니다. 물론, 우리는 예수님을 십자가에 못 박는 것을 허락한 인물이 로마의 총독이었음을 압니다. 하지만 교회가 막 출발하고 사도들이 활동하던 시기에는 로마보다 유대인들의 공격이 훨씬 더 심했습니다.

유대인들은 예수님의 가르침에 사사건건 문제를 제기했고 총독 빌라도에게 압력을 행사하여 예수님을 사형시켰습니다 (마 27:11~26). 또한 유대인들의 대표인 대제사장 문중은 사도들을 옥에 가두고 협박하였습니다(행 4:1~22, 5:17~40). 헤롯은 야고보 사도를 죽였고 베드로를 옥에 가두기도 했습니다(행 12:1~4). 회심한 바울이 로마 전역을 돌며 복음을 전할 때 그를 공격했던 사람들은 다름 아닌 복음을 거부한 유대인들이었습니다(행 13:45,50, 14:5, 17:5~9, 18:5~6, 23:12). 역설적이게도 이방인인 로마의 군인들이 오히려 바울의 안전을 지키는 역할을 하곤 했습니다(행 23:22~24).

복음을 거부한 유대인들은 교회를 공격하기 위해 '다른 복음'을 퍼뜨리기도 했습니다. 그들은 안디옥에서 '할례를 받아야 구원을 얻는다'라고 가르치며 바울과 격렬한 논쟁을 벌였습니다(행 15:1). 그들의 영향으로 인해 갈라디아에 있는 여러 교회에서는 다른 복음을 따르는 성도들이 속출했고(갈 1:6), 고린도 교회 또한 다른 복음, 다른 영, 다른 예수를 용납했습니다(고후 11:4). 이처럼 사도들이 세운 교회들은 유대교의 공격으로 큰 고난을 받았습니다.

우리는 이러한 배경을 생각하면서 히브리서 12:18~24와 이 본문의 바로 앞 구절들(14~17절)을 읽어야 합니다. 14~17절은 히브리서를 읽는 수신자들에게 세 번의 권면을 소개합니다. 이 권면은 한글개역성경에서 세 번의 "두려워하라"라는 말로 번

역되었습니다. 여기 '두려워하라'를 다르게 표현하여 '주의하십시오'라고 해도 됩니다. 개역개정판에서는 "~없도록 하고" 혹은 "~이 되지 않게 하며"라고 표현했습니다.

즉, ① 하나님의 은혜에 이르지 못하는 자가 없도록, ② 쓴 뿌리 때문에 많은 사람이 더럽게 되지 않도록, ③ 음행하는 자와 에서와 같은 망령된 자가 없도록 살피라고 했습니다. 교회가 이 권면을 받았습니다. 이는 교회 안에 위의 세 가지 경우에 해당하는 사람들이 있었다는 말입니다. 그러한 사람들 때문에 교회는 힘들고 어려운 고난 중에 처했습니다.

그래서 히브리서 12:5 이하에서는 징계를 말했고, 좀 더 앞선 구절에서는 "인내로써 우리 앞에 당한 경주를 하며 믿음의 주요 또 온전하게 하시는 이인 예수를 바라보자"라고 했습니다(히 12:1~2). 인내로 주님을 바라보는 것과 하나님의 징계를 받음으로 인해 교회는 정결하고 거룩해집니다. 그러나 그것만이 교회의 타락과 사단의 공격을 막는 길은 아닙니다. 히브리서는 이제 또 다른 길을 제시합니다. 바로 그다음 본문 히브리서 12:18~24에서 소개하는 교회의 본질과 예배입니다.

고난을 이기는 능력을 받은 교회

본문 18절은 '왜냐하면'이라는 말로 시작합니다. 교회는 항상 그 지체들 가운데 하나님의 은혜에 이르지 못한 자가 있는

지 살펴야 하며, 쓴 뿌리 때문에 온 교회가 더럽게 되지 않도록 주목해야 하고, 음행하는 자와 에서처럼 망령된 자도 없도록 해야 합니다. 그러기 위해서는 교회 자신이 스스로의 정체성을 정확하게 알아야 합니다. 그래서 18~24절은 교회의 본질 혹은 교회의 정체성을 말합니다. 그런데 이때 언급되는 본질 혹은 정체성 속에는 교회가 예배 공동체라는 측면이 매우 강조되어 있습니다.

18~21절과 22~24절은 뚜렷한 대비를 이룹니다. 앞부분(18~21절)은 구약 이스라엘이 시내 산에서 하나님을 만나는 장면을 보여주고, 뒷부분(22~24절)은 그에 상응하는 교회의 모습을 소개합니다. 18~19절에서는 신약의 교회인 "너희는 만질 수 있고 불이 붙는 산과 침침함과 흑암과 폭풍 … 있는 곳에 이른 것이 아니라"고 말하는 반면, 22~24절은 "너희가 이른 곳은 시온 산과 … 예수와 및 아벨의 피보다 더 나은 것을 말하는 뿌린 피니라"라고 했습니다. 본문은 구약 교회와 신약 교회를 아주 선명하게 대조합니다.

히브리서는 이러한 대조를 통하여 신약 교회의 본질과 영광스러움을 명료하게 드러냅니다. 그 대조는 다양한 용어를 통하여 나타납니다. 시내 산과 시온 산이 대조되고, 만질 수 있는 것과 하늘이 대조됩니다. 더욱이 시내 산에는 불, 침침함, 흑암, 폭풍, 나팔소리 그리고 말하는 소리가 있었지만 성도들이 이른 시온 산은 하늘의 도성인 예루살렘, 천만 천사, 장자들의 모임, 의인들의 영들과 새 언약의 중보자이신 예수님께서 계신 곳입니다.

더 분명한 대조는 20~21절을 통해 드러납니다. 시내 산에서 나팔 소리와 말하는 소리 때문에 백성들은 두려움에 떨었고(출 19:16), 돌로 침을 당할 것이라는 명령 때문에 하나님의 임재 안에 들어가기를 무서워했습니다(20절). 심지어 모세조차도 "내가 심히 두렵고 떨린다"라고 했습니다(21절). 시내 산에서는 허락된 소수의 사람이 하나님을 만날 수 있었습니다. 그러나 시온 산은 살아계신 하나님의 도성인 하늘의 예루살렘입니다. 이곳은 천만 천사와 장자들의 모임과 교회와 하나님과 의인의 영들과 새 언약의 중보자이신 예수님의 피가 뿌려진 곳입니다. 신약 교회는 열려진 하늘의 도성인 예루살렘에 들어갔습니다. 이 하늘의 예루살렘은 천만 천사와 장자들의 모임이 있는 곳이며 삼위 하나님께서 계시는 곳입니다. 이제는 한 사람 모세가 아니라 모든 교회가 하나님의 도성 하늘의 예루살렘에 포함되었습니다.

교회는 삼위 하나님과 연합되었습니다. 구약 백성들이 그토록 꿈꾸던 하늘의 도성에 도달했습니다. 새 언약의 중보이신 예수 그리스도의 피로 말미암아 천만 천사들과 함께 잔치에 참여하였습니다. 그러하기에 교회는 더 이상 ① 하나님의 은혜에 이르지 못하는 자가 없도록 해야 하며, ② 쓴 뿌리 때문에 많은 사람이 더럽게 되지 않게 할 수 있고, ③ 음행하는 자 그리고 에서와 같은 망령된 자를 제거할 수 있습니다. 교회는 능력의 공동체입니다.

고난을 이기는 원동력인 예배

이제 구약 이스라엘 백성들이 시내 산에서 무엇을 경험했는가를 좀 더 깊이 살피겠습니다. 모세는 이스라엘 백성들을 바로의 압제로부터 구원했습니다. 하나님께서는 열 가지 재앙을 애굽에 내리시고 홍해 사건을 통하여 자기 백성은 구원하셨으며 대적은 심판하셨습니다. 시내 산에서 있었던 일의 핵심은 바로 구원받은 백성이 구원하신 하나님을 만나 언약을 체결하는 것이었습니다. 이 언약 체결식이 바로 예배입니다. 예배라는 말은 '엎드려 절한다'는 뜻입니다. 이는 단순히 어떤 대상에게 머리를 조아리는 것이 아닙니다. 절하는 행위는 경배와 공경, 복종과 충성이라는 뜻도 있지만 그 속에는 '함께 교제한다'는 의미도 있습니다.

이스라엘은 시내 산에 머물면서 하나님만 예배한 것이 아니었습니다. 그들은 다른 하나님을 만들어 경배했습니다. 이스라엘 백성들이 금송아지를 만들어 제사를 드릴 때 하나님께서 모세를 향하여서 하신 말씀을 봅시다.

"그들이 내가 그들에게 명령한 길을 속히 떠나 자기를 위하여 송아지를 부어 만들고 그것을 예배하며 그것에게 제물을 드리며 말하기를 이스라엘아 이는 너희를 애굽 땅에서 인도하여 낸 너희 신이라 하였도다"(출 32:8).

이스라엘 백성들은 마땅히 하나님께 드려야 할 예배를 우상에게 드렸습니다. 이로써 그들은 우상숭배자가 되었습니다. 그래서 고백서는 "하나님께서는 자기에게 예배드리는 것에 관한 받음직한 방식을 직접 제정하시고 자기가 계시하신 뜻으로 제한하셨으니, 사람의 고안물이나 상상, 혹은 사탄의 제안을 따라, 혹은 보이는 형상 아래에서, 혹은 성경에 지시되어 있지 않은 방식으로 하나님을 예배해서는 안 된다."라고 했습니다(신앙고백서 21:1).

이스라엘을 애굽 땅에서 인도하신 분은 바로 하나님이십니다. 하나님께서는 이스라엘과 언약을 맺으실 때에 가장 먼저 자기 백성에게 행하신 놀라운 구원역사를 천명하셨습니다. "내가 애굽 사람에게 어떻게 행하였음과 내가 어떻게 독수리 날개로 너희를 업어 내게로 인도하였음을 너희가 보았느니라"(출 19:4). 이것이 바로 하나님께서 이스라엘과 언약을 맺으실 때 하신 선언입니다. 예배는 하나님, 곧 성부, 성자와 성령께 드려야 하며 오직 그분에게만 드려야 합니다(신앙고백서 21:2).

하지만 오늘 본문에서 알 수 있듯이 시내 산에서 그 백성들은 하나님을 만나 경배하는 것을 두렵고 떨림으로 행했습니다. 모세조차도 두렵고 떨린다고 했습니다. 그러나 신약 교회는 새 언약의 중보이신 예수님의 피로 인해 모든 백성이 큰 기쁨과 즐거움으로 예배합니다. 교회가 천상의 예배로 나아갈 수 있는 것은 예수님의 피 흘림 때문입니다. 그러므로 예배에서 우리는 그리스도의 피 흘림을 기념하는 성례를 합당하게 집례해야 합니다(신앙고백서 21:5).

이 예배에는 천만 천사, 장자들의 모임, 교회, 온전하게 된 의인의 영들이 함께 합니다. 여기 천만 천사라는 표현을 좀 더 정확하게 번역하면, '축제를 벌이고 있는 수많은 천사'입니다. 그러므로 예배는 하나님께 소속된 모든 피조물의 잔치입니다. 천사들은 '예배'라는 축제를 벌이고 있습니다. 그 예배에 교회는 장자들의 모임과 의인의 영들과도 함께 합니다.

이 영광스러운 예배는 창세로부터 그리스도의 부활까지는 안식일에, 그리스도의 부활부터는 주일에 드려집니다(신앙고백서 21:7). 그뿐만 아니라 교회는 예배를 통하여 지체들 가운데 하나님의 은혜에 이르지 못한 자가 있는지 살피며, 쓴 뿌리 때문에 더러워진 부분을 제거하고, 음행하는 자와 에서처럼 망령된 자를 굴복시킵니다. 예배는 두려움을 제거하는 칼이요, 고난을 이기는 능력이며, 하늘의 환희를 맛보는 식탁입니다.

1. 사도들이 활동하던 시기에 교회를 핍박한 가장 큰 대적은 누구이며, 그들이 교회를 핍박한 방식은 무엇입니까?

2. 히브리서 12:14~17에서 교회가 받은 세 가지 권면은 무엇이며, 교회는 어떤 공동체이기 때문에 이를 지켜낼 수 있습니까?

3. 히브리서 12장은 구약 교회와 신약 교회를 선명하게 대조합니다. 구약 교회와 신약 교회를 어떻게 대조하고 있습니까?

4. 히브리서 12:18~24은 교회의 본질 혹은 교회의 정체성을 말합니다. 이때 언급되는 교회의 본질 혹은 정체성에서 강조하는 바는 무엇입니까?

5. 우리는 예배를 통해 고난을 이기는 능력과 하늘의 환희를 맛보고 있습니까? 우리 각자가 예배를 통해 누리는 것들을 나누어봅시다.

17

다니엘의 공직과 구속역사

다니엘 2장 | 고백서 23장 국가 공직자

23장 국가 공직자

23.1 온 세계의 대주재시요 왕이신 하나님께서는 자기의 영광과 공공의 선을 위하여 국가 공직자를 자기 아래 그리고 백성들 위에 세우셨으며, 이를 위하여 그리고 선한 자들을 보호하고 격려하며 악인들을 징벌하실 목적으로 그들을 칼의 권세로 무장시키셨다.

23.2 기독신자가 공직자로 부름을 받을 때 그 직무를 받아들이고 수행하는 것은 합법적이다. 직무를 행함에 있어서 그 나라의 건전한 법을 따라 특히 경건, 공의, 평화를 유지하여야 하며, 이러한 목적을 위해서는 현 신약 시대에서도 정당하고 불가피한 경우에 전쟁도 합법적으로 수행할 수 있다.

23.3 국가 공직자들은 말씀과 성례의 집례나 천국의 열쇠권을 전유(專有)하거나, 믿음의 사안에 조금이라도 개입하여서는 안 된다. 그러나 양육하는 아버지처럼 우리 공동의 주님의 교회를 보호하되, 어떤 교파를 다른 교파보다 우대하지 않아야 하며, 모든 교역자들이 폭력이나 위험에 처함이 없이 그들의 신성한 활동을 다 수행할 수 있는 온전하고 자유롭고 논란의 여지가 없는 자유를 누리게 하여야 한다. 그리고 예수 그리스도께서 자기 교회 안에 정규적인 치리와 권징을 정하셨기 때문에, 어떤 국가의 법이라도 어떤 기독자들의 교파의 자원 회원들이 그들의 고백과 믿음을 따라 치리와 권징을 적절히 이행하는 것을 간섭하거나 방해하지 말아야 한다. 국가 공직자의 책무는

자기 백성의 인신과 명예를 보호하는 것인데, 이를테면 어떤 사람도 종교 혹은 불신앙이라는 명분으로 다른 어느 누구에게 어떤 모욕, 폭행, 학대, 상해를 가하는 일이 없게 해야 하는 것과, 모든 종교적 혹은 교회적 집회도 방해나 교란 당함이 없이 개최할 수 있도록 질서를 유지하는 것이다.

23.4 백성의 의무는 공직자를 위하여 기도하며, 그들을 존경하고, 세금과 여타 부과금을 바치고, 그들의 합법적인 명령을 순종하며, 양심상 그들의 권위에 복종하는 것이다. 불신앙이나 종교의 차이가 공직자의 정당하고 합법적인 권위를 무효화 할 수 없으며, 공직자들에 대한 정당한 순종에서 백성을 제외시킬 수 없으며, 교역자 또한 예외는 아니다. 더구나 교황은 통치 중에 있는 공직자에게나 그들의 백성 중 어느 누구에게도 어떤 권세나 재치권(裁治權)을 행사할 수 없다. 더군다나 교황이 그들을 이단이라고 판결하거나 어떤 다른 구실로든 그들의 통치권이나 생명을 빼앗는 일은 결코 있을 수 없다.

17 다니엘의 공직과 구속역사

다니엘 2장 | 고백서 23장 국가 공직자

느부갓네살의 꿈과 위기에 처한 다니엘

유다 왕 여호야김 3년에(B.C. 605년) 바벨론 왕 느부갓네살
이 예루살렘을 공격하였습니다. 그때 다니엘은 포로로 잡혀갔
고, 삼 년 동안 왕궁에서 특별교육을 받고 있었습니다. 다니엘
서 2장은 느부갓네살 이 년이라 했으니(1절) 아마도 B.C. 604년
이나 그 어간의 사건입니다. 유다 백성들은 B.C. 597년과 586
년에 포로로 잡혀갔기에 이 본문은 예루살렘 멸망 전에 일어
났습니다. 이러한 역사적 배경은 언약 백성들이 하나님과 맺
은 언약에 신실하지 못해 조만간 큰 재난에 이를 것을 알려줍

니다. 하나님의 백성들은 하나님의 법을 버리고 사명을 저버린 대가로 언약의 저주 상태에 놓였습니다.

바벨론 왕 느부갓네살은 꿈을 꾸었고 박수와 술객과 점쟁이와 갈대아 술사들을 불러 자신의 꿈과 그 꿈을 해석할 것을 요구합니다. 바벨론의 박수와 술객, 점쟁이와 술사들은 그 시대 최고의 지성인들이요 왕의 측근들입니다. 왕의 요구는 상식에 어긋납니다. 꿈을 해석하기도 어려운데, 어떻게 꿈을 꾼 자도 모르는 꿈의 내용까지 말할 수 있겠습니까? 바벨론의 지혜자들은 왕의 요구가 가당찮다는 것을 건의했습니다. 하지만 돌아온 대답은 너희 몸을 쪼갤 것이며 너희의 집을 거름더미로 만들 것이라는 협박이었습니다. 재차 이루어진 호소도 왕의 명령을 돌이킬 수 없었습니다. 심지어 지혜자들은 그런 것은 신(神)만이 할 수 있다고 은근한 압력을 넣었지만 지혜자들을 모두 죽이라는 서슬 시퍼런 왕의 호령만 메아리쳤습니다.

왕의 명령은 예리한 칼처럼 날카로웠고 화살처럼 빨랐습니다. 근위대장 아리옥의 칼에서 피 냄새가 스멀스멀 풍기기 시작했습니다. 바벨론 지혜자들의 목숨뿐만 아니라 하나님의 사람 다니엘과 그의 세 친구의 생명도 풍전등화였습니다. 아리옥을 만난 다니엘은 자초지종을 모두 듣고 왕에게 들어갔습니다. 왕에게 왕이 꾼 꿈과 해석을 보여주겠다고 약속하고 약간의 시간을 얻었습니다.

왕의 명령은 상식에 맞지 않습니다. 그러나 그 명령은 언약 백성들이 가장 소중하게 여기는 여호와의 법을 어기는 것은 아니었습니다. 왕의 명령이라도 하나님의 법에 어긋나 자기를 더럽힐 가능성이 있을 때, 다니엘과 세 친구는 왕의 진미조차도 거절한 경험이 있습니다(단 1:8). 다니엘은 비록 왕의 명령이 불합리해도 그 명령에 순종했습니다. 우리 고백서는 이 면을 강조했습니다. "백성의 의무는 공직자를 위하여 기도하며, ⋯ 그들의 합법적인 명령을 순종하며, 양심상 그들의 권위에 복종하는 것이다"(신앙고백서 23:4).

다니엘과 세 친구의 기도에 응답하신 하나님

느부갓네살의 입장에서 보면, 다니엘과 그의 세 친구도 박수나 술객, 점쟁이와 술사에 포함되는 인물들입니다. 그래서 다니엘과 세 친구도 죽음의 위기에 처했습니다(13절). 집으로 돌아온 다니엘은 세 친구에게 그간의 일을 알렸습니다. 그들은 그 일을 두고 기도했습니다. 참으로 기도는 하늘의 보좌를 움직이는 향입니다. 다니엘은 그들의 죽고 사는 문제가 왕의 명령에 있지 않고 하나님의 손에 있음을 확신했습니다.

하나님의 사람들이 기도하자 그 밤에 이상이 다니엘에게 나타났습니다. 비밀이 드러났습니다. 다니엘은 하나님을 찬양합니다. 우리는 그 찬양에서 놀라운 내용을 발견합니다. "지혜와 능력이 그에게 있음이로다 그는 때와 계절을 바꾸시며 왕들을 폐하시고 왕들을 세우시며 지혜자에게 지혜를 주시고 총명한 자에게 지식을 주시는도다"(20~21절).

지혜는 하나님께로부터 옵니다. 하나님께서 때와 기한을 바꾸십니다. 그분은 왕들을 폐하게도 하시고 세우시기도 합니다. 왕의 명령으로 많은 사람들의 생명이 풍전등화에 놓인 것처럼 보입니다. 다니엘과 세 친구의 생명도 마찬가지입니다. 그러나 그 상황은 단지 인간의 눈에 보이는 일부분입니다. 정작 거대한 역사의 파도는 수면 아래 있었습니다.

우리의 고백서에서도 이 신앙을 발견합니다. "온 세계의 대주재시오 왕이신 하나님께서는 자기의 영광과 공공의 선을 위하여 국가 공직자를 자기 아래 그리고 백성들 위에 세우셨으며, 이를 위하여 그리고 선한 자들을 보호하고 격려하며 악인들을 징벌하실 목적으로 그들을 칼의 권세로 무장시키셨다"(신앙고백서 23:1). 이제 모든 박수와 술객, 점쟁이와 술사들의 생명이 다니엘의 손에 쥐어졌습니다. 삶과 죽음은 우리의 위대한 왕이신 하나님께 있습니다. 동시에 우리는 모든 지혜자들을 부끄럽게 만드시는 하나님의 지혜를 봅니다.

다니엘의 해석을 통해 드러난 하늘의 비밀
다니엘은 아리옥에게 자신이 왕의 꿈과 그 해석을 알게 하겠다고 했습니다. 아리옥은 급히 왕에게 들어가 다니엘을 소개합니다. "사로잡혀 온 유다 자손 중에서 한 사람을 찾아내었나이다 그가 그 해석을 왕께 알려 드리리이다"(25절). 다니엘은 사로잡힌 유다 자손 중 한 사람이었습니다. 그의 신분은 형식적으로 포로이기는 하지만 궁극적으로 언약 백성임을 성경은 강조했습니다. 확답을 요구하는 왕의 물음에 다니엘은 바벨론의 지혜자들이 가진 한계를 명확하게 합니다. 동시에 하늘의 하나님께서 모든 비밀을 알게 하신다는 자신의 믿음을 선언합니다.

드디어 느부갓네살의 꿈의 내용과 그 꿈이 의미하는 바가 드러났습니다. 큰 신상이 있는데, 머리는 금이고, 가슴과 팔은 은이며, 배와 다리는 놋이고, 종아리는 철이며 발은 철과 진흙입니다. 사람이 다듬지 않은 돌이 나와 그 신상을 부수고 그 돌이 태산을 이루어 세상에 가득하였습니다.

이어 다니엘은 그 꿈의 의미를 해설합니다. 금, 은, 놋, 철과 흙은 각각의 나라입니다. 다니엘은 느부갓네살 왕이 그 신상의 금 머리라 말합니다. 그리고 그다음 은과 놋을 각각 나라가 일어날 것으로 풀이합니다(39절). 마지막 쇠같이 강한 네 번째 나라가 일어날 것이라 했습니다. 대개 개혁신학자들은 금을 바벨론, 은을 메대와 페르시아, 놋을 헬라제국, 마지막 쇠(혹은 철)와 흙을 로마로 이해합니다. 네 번째 나라 때에 하나님께서 한 나라를 세우시고 그 나라가 영원할 것이라 했습니다.

우리는 앞에서 다니엘이 바벨론의 왕궁에 거하면서 훈련을 받으며 느부갓네살의 꿈을 해석한 시기를 대체로 B.C. 600년에서 500년으로 넘어가는 시기라고 했습니다. 이스라엘이 분열된 이후 이미 북 이스라엘은 멸망했습니다 – B.C. 722년 앗수르에 의해 –. 이제 곧 남 유다도 멸망할 것입니다. 예루살렘 성전은 벌써 공격을 받아 많은 기물이 약탈당했습니다. 벌써 유다의 멸망도 예고되었습니다. 지각 있는 언약 백성이라면 이 나라가 하나님으로부터 큰 징벌을 받으리라고 충분히 짐작할 수 있습니다. 그리고 실제로 그 일이 시작되었고, 그 증거가 다니엘과 같은 이들이 포로로 잡힌 일입니다.

바로 그때, 하나님께서는 이방의 왕과 비록 포로로 잡혀있지만 하나님의 약속을 신뢰하는 한 경건한 백성을 사용하여 하늘의 비밀을 계시하셨습니다. 이방 왕의 궁금증을 해소하는 것이 목적이 아니라 경건한 하늘 백성을 통하여 온 세계의 대주재시며 왕이신 하나님의 역사를 선언하셨습니다. 하늘의 모습을 땅 위에 아로새겨야 할 유다 왕국이 비록 지금 멸망할 위기에 처했지만 하나님의 계획은 중단되지 않았습니다. 언젠가 하나님께서는 천하의 모든 백성들이 볼 수 있도록 다시 세울 것입니다. 그래서 우리는 이렇게 찬송해야 합니다.

"어찌하여 이방 나라들이 분노하며

민족들이 헛된 일을 꾸미는가

세상의 군왕들이 나서며 관원들이 서로 꾀하여

여호와와 그의 기름 부음 받은 자를 대적하며

우리가 그들의 맨 것을 끊고

그의 결박을 벗어 버리자 하는도다

하늘에 계신 이가 웃으심이여 주께서 그들을 비웃으시리로

다"(시 2:1~4).

"그런즉 군왕들아 너희는 지혜를 얻으며

세상의 재판관들아 너희는 교훈을 받을지어다

여호와를 경외함으로 섬기고 떨며 즐거워할지어다

그의 아들에게 입맞추라 그렇지 아니하면 진노하심으로

너희가 길에서 망하리니

그의 진노가 급하심이라 여호와께 피하는 모든 사람은 다

복이 있도다"(시 2:10~12).

공직에 오른 다니엘과 세 친구

놀라운 일이 일어났습니다. 왕이 신하에게 절을 합니다. 그
리고 예물과 향품을 줍니다. 이방 왕이 하나님을 찬양합니다.
"너희 하나님은 참으로 모든 신들의 신이시요 모든 왕의 주재

시로다"(47절). 왕은 다니엘로 하여금 온 지방을 다스리게 하며 바벨론 모든 지혜자의 어른으로 삼았습니다. 더불어 다니엘의 세 친구도 다스리는 공직을 받았습니다. 우리 고백서는 이렇게 가르칩니다. "기독신자가 공직자로 부름을 받을 때 그 직무를 받아들이고 수행하는 것은 합법적이다"(신앙고백서 23:2). 다니엘은 그와 그의 세 친구들의 생명뿐만 아니라 바벨론의 모든 지혜자들의 생명도 구했습니다. 우리는 여기에서 국가 공직자의 책무에 대한 힌트를 얻습니다. 국가 공직자의 책무는 자기 백성의 인신과 명예를 보호하는 것입니다(신앙고백서 23:3).

하나님께서는 바벨론을 언약 백성들을 책망하는 막대기로 사용하셨습니다(신 28:25 참고). 그러한 언약의 저주 가운데 흔들림 없는 믿음을 가진 성도들을 통하여 구원의 역사가 이어지게 하셨습니다. 교회가 바벨론 유수와 같은 비참한 처지에 놓일 때에도 회복을 소망해야 합니다. 하나님께서는 신실한 언약 백성들을 통하여 교회를 회복시키십니다. 하나님의 열심과 능력은 교회를 보존시키는 동인입니다.

1. 다니엘이 느부갓네살 왕의 명령에 대해 취한 태도를 신앙고백서
   23장 4절을 통해서 설명해봅시다.

2. 삶과 죽음이 하나님께 달려있음을 신앙고백서 23장 1절을 통해
   서 설명해봅시다.

3. 다니엘이 해석한 꿈의 내용을 통해서 알 수 있는 유다왕국에 대
   한 하나님의 계획은 무엇입니까?

4. 공직에 오른 다니엘과 세 친구의 모습을 통해서 알 수 있는 국가
   공직자의 책무는 무엇입니까?

5. 교회가 언약의 저주 가운데 있어 비참한 처지에 놓일 때에도 회
   복을 소망할 수 있는 근거는 무엇입니까?

18

결혼의 신성함

창세기 2:18~25 | 고백서 24장 결혼과 이혼

24장 결혼과 이혼

24.1 결혼은 한 남자와 한 여자 사이에 이루어진다. 남자가 두 사람 이상의 아내를 동시에 두거나, 여자가 두 사람 이상의 남편을 동시에 두는 것은 다 합법적이지 않다.

24.2 결혼은 남편과 아내가 서로 도우며, 적법한 자녀를 통하여 인류를 증가시키고, 거룩한 자손을 통하여 교회를 왕성하게 하기 위해, 그리고 부정(不貞)을 막기 위해 제정되었다.

24.3 판단력을 가지고 동의를 표할 수 있는 모든 사람이 결혼하는 것은 합법적이다. 그러나 기독자는 의무적으로 오직 주님 안에서만 결혼하여야 한다. 그러므로 참된 개혁신앙을 고백하는 자들은 불신자, 로마교신자나 여타 우상숭배자와 혼인할 수 없다. 또한 경건한 자들은 삶이 현저하게 악하거나 저주받을 이단을 계속 추종하는 자들과 혼인하여 대등하지 않은 멍에를 메지 말아야 한다.

18 결혼의 신성함
창세기 2:18~25 | 고백서 24장 결혼과 이혼

소홀이 대접 받는 결혼, 무너지는 가정

우리 정부의 여성가족부에서 결혼과 이혼에 대한 통계를 발표했습니다. 2016년에 13세 이상의 미혼 여성들을 대상으로 조사한 결과, '결혼을 해야 한다'고 생각하는 여성들은 47.5%였습니다. 한 걸음 더 나아가 결혼을 '반드시 해야 된다'고 생각하는 여성들은 31%였습니다. 정말 충격적이지 않은가요? 열 명 중 단 세 명만이 반드시 결혼해야 한다고 생각합니다. 2016년 한 해 동안 약 28만 쌍의 부부가 탄생했습니다. 그런데 이혼한 부부가 10만 7천 300쌍이었습니다. 그 중 결혼생활

20년을 넘기고 이혼한 경우는 30.4%였고, 결혼 생활 4년 이내에 이혼한 비율은 22.9%였습니다. 이혼에 반대하는 남성은 45%였고, 여성은 34.2%였습니다.

단순히 통계로만 보면, 이미 우리 사회는 결혼과 가정의 위기를 넘어 붕괴 수준에 다다랐습니다. 기독교인들의 결혼과 이혼에 대한 정확한 통계가 없어 알 길이 없습니다만 사회와 별반 다르지 않으리라 여겨집니다. 통계는 이미 드러난 숫자입니다. 그러나 더 심각한 문제는 각 가정이 안고 있는 문제들입니다. 비록 이혼에 이르지는 않았지만 결코 온전하지 못한 결혼 생활을 이어가는 가정들이 너무나 많습니다. 결혼을 준비하는 과정에서 일어나는 문제를 함께 생각하면 우리는 결코 결혼문제를 무심히 지나칠 수 없습니다. 성도들의 결혼과 결혼생활은 불신자들의 모습과는 달라야 합니다.

결혼이나 이혼의 문제를 넘어 부부간의 문제, 부모와 자녀들과의 문제, 좀 더 넓은 의미에서 시부모들이나 처가 어른들과의 문제까지 포함하여 생각하면, 얼마나 다양하고 복잡한 문제들이 많은지 짐작됩니다. 부부의 불화로 고통당하는 어린 자녀들, 부모와 자녀 사이의 갈등들, 고부간의 보이지 않는 갈등 등 많은 가정이 언제 터질지 모를 용암 덩어리를 안고 있습니다. 이러한 때에 우리는 신자다운 결혼관과 가정관을 가져야 합니다.

하나님께서 창조하신 사람

하나님께서는 말씀으로 모든 피조물을 만드셨습니다. 빛, 궁창, 땅과 바다, 하늘의 두 광명과 별들, 공중의 새들과 바다의 생물들, 육축과 기는 것과 짐승들을 차례대로 만드셨습니다. 창조된 피조물은 하나님의 보시기에 좋았습니다. 하나님께서는 마지막에 사람을 "우리의 형상을 따라 우리의 모양대로 우리가 사람을 만들고"라 하셨고, 그리고 사람이 다른 모든 피조물을 "다스리게 하자"라고 하셨습니다(창 1:26). 여기에서 사람이 하나님의 형상으로 만들어진 것과 다스리는 왕적 사역이 연결됩니다. 사람은 하나님을 대신하여 땅 위의 모든 피조물을 다스리는 왕으로 지음 받았습니다. 삼위 하나님의 협의대로 사람은 만들어졌고 그들에게 놀라운 특권이 주어졌습니다.

창세기 1:28은 이를 다음과 같이 표현했습니다. "하나님이 그들에게 복을 주시며 하나님이 그들에게 이르시되 생육하고 번성하여 땅에 충만하라, 땅을 정복하라, 바다의 물고기와 하늘의 새와 땅에 움직이는 모든 생물을 다스리라." 사람이 생육하고 번성하여 땅에 충만하기 위해서는 필연적으로 결혼을 통해 가정을 이루어야 합니다. 이처럼 결혼은 하나님의 명령을 수행하는 방편이며, 하나님께서 친히 제정하신 제도입니다. 사람은 땅에 충만해야 할 뿐만 아니라 정복하고 다스려야 합니다. 정복과 다스림은 왕이신 하나님의 대리 왕으로서의 사람의 특권입니다.

에덴의 동산에서 살아가는 사람

하나님을 대리하는 왕인 사람에게 에덴의 동산이 선물로 주어졌습니다. 그리고 사람에게 "그것을 경작하며 지키게" 하셨습니다(창 2:15). '경작하다'라는 말씀은 농사를 지었다는 뜻이 아닙니다. 이 용어는 왕적 다스림의 의미가 훨씬 강합니다. 동시에 '경작하다'라는 말씀과 '지키다'라는 말씀은 제사장의 사역과 직접적으로 연결됩니다. 예를 들어 민수기 3:7~8에서 '경작하다'와 '지키다'는 두 용어를 사용하여 레위인의 직무를 설명합니다. 아담과 여자는 에덴의 동산을 잘 다스림으로 하나님께서 원하시는 왕국의 모습을 갖추도록 해야 합니다.

동산 중앙에 있는 두 종류의 나무는 아담과 여자의 직분적 사역 – 왕적이요 제사장적인 – 을 더욱 분명하게 가르칩니다. 생명 나무는 아담의 직분적 사역의 목표가 무엇인지 보여줍니다. 생명 나무는 영생의 표입니다(창 3:22). 선악을 알게 하는 나무는 창조주 하나님에 대한 순종을 통하여 모든 피조물을 다스릴 능력과 지혜를 얻습니다. 이렇듯 사람은 하나님의 왕국을 더욱더 영화롭게 만들어야 할 사명을 받았습니다. 더불어 최초의 인류는 생육과 번성, 그리고 땅에 충만해야 할 임무도 함께 받았습니다. 결혼은 바로 이러한 바탕 위에서 이해되어야 합니다.

남자와 여자를 만드신 하나님의 목적

동산을 다스리며 지킬 사명을 주신 하나님께서는 아담이 혼자 사는 것이 좋지 않다고 평가하셨습니다. 그래서 하나님께서는 아담을 위하여 돕는 배필을 지을 것을 결정하셨습니다. 그리고 아담을 잠들게 하시고 그의 갈빗대 하나를 취하여 여자를 만들었습니다. 하나님께서 여자를 만드는 과정은 창세기 2:18~25에 잘 소개되었습니다. 우리는 이 본문을 통하여 하나님께서 결혼제도를 만드신 이유를 분명히 깨닫습니다.

하나님께서는 사람이 혼자 사는 것이 좋지 않다고 하셨고, 그를 위해 돕는 배필을 지을 것을 말씀하셨습니다. 여기에서부터 이미 여자의 사명이 분명해졌습니다. 여자는 남자를 돕는 사명을 받았습니다. 그렇다고 하여 여자가 남자보다 열등하다거나 모자란다는 뜻은 아닙니다. 남자와 여자는 인격적으로 한 치의 차이도 없습니다. 단지 그 하는 역할이 다를 뿐입니다.

이후에 성경은 아주 재미있는 흐름을 따라 사건을 전개합니다. 곧 사람이 혼자 사는 것이 좋지 않다는 하나님의 판단에 이어 돕는 배필로서 여자를 만드시겠다는 선언이 있지만, 곧장 여자를 만드시는 하나님의 사역을 소개하지 않습니다. 오히려 19~20절은 아담이 하는 일을 소개했습니다. 하나님께서는 들짐승과 새를 아담에게 이끌고 오셨고 아담이 그것들의 이름 짓는 것을 말합니다. 이어 아담이 가축, 새, 들짐승의 이름을 짓습니다. 그리고 20절 말미에 "돕는 배필이 없으므로"라고 했습니다. 여기 돕는 배필이 '없으므로'라는 말씀은 돕는 배필을 '찾을 수 없었으므로'라는 의미입니다. 곧 아담은 열심히 이름 짓는 사역을 했는데, 자기를 돕는 자를 발견할 수 없었다는 뜻입니다.

돕는 배필을 만들겠다는 하나님의 선언에 이어 아담의 사역이 언급되고 아담도 돕는 배필의 필요를 깨달았다는 순서로 성경은 기록되었습니다. 이는 아담의 사역이 하나님의 사역의 연장선에 있음을 강조합니다. 하나님께서는 첫째 날부터 넷째 날까지 창조하신 피조물에게 친히 이름을 붙였습니다. 그러나 다섯째 날과 여섯째 날에 지음 받은 피조물들에게는 넓은 범위의 분류만 있지 이름을 짓지는 않았습니다. 아담은 하나님을 대리하는 왕으로서 하나님께서 하신 일을 받아서 합니다. 곧 육축과 새, 들짐승의 이름을 짓습니다.

이름을 짓는 행위는 대단히 중요합니다. 예를 들어, 아담과 그 아내가 범죄한 후, 하나님으로부터 징벌을 받았습니다(창 3:16~19). 그 징계를 감사함으로 받은 아담은 그의 아내 이름을 "하와"라고 지었습니다. 아담이 아내의 이름을 지음으로 하나님의 징벌을 받아들였다는 표를 했을 뿐만 아니라, 그것은 하나님께서 앞으로 이룰 놀라운 사역을 수납했음도 의미합니다. 곧 여자의 후손에 대한 약속과 더불어 여자에게 주어진 잉태의 고통과 출산의 수고로움 그리고 자기 자신에게 주어진 수고까지도 기꺼이 받으며, 그것이 하나님의 뜻이니 그 뜻대로 되기를 바란다는 신앙의 표현인 것입니다.

그러므로 범죄하기 전, 아담이 하나님께서 데려온 각종 육축과 새와 들짐승의 이름을 짓는 행위는 하나님께서 자신의 뜻을 펼치시는 행위와 일맥상통합니다. 더불어 여자가 돕는 배필로 지음 받았는데, 성경은 이 여자가 무엇을 도울 것인지 문맥을 통해 아주 선명하게 가르칩니다. 아담은 이름을 지음으로 하나님의 사역을 대리하는 왕적 사역을 행했습니다. 바로 그 일을 돕기 위해 여자가 지음 받았습니다. 우리는 여기에서 결혼의 목적을 선명하게 깨닫습니다.

결혼은 하나님께서 만드신 그분의 왕국을 부부가 질서를 따라 다스리며, 더욱 영화롭게 만들고, 대적의 공격으로부터 지켜내도록 하기 위해 하나님께서 만드신 제도입니다. 우리 고백서는 이것을 다음과 같이 정의했습니다. "결혼은 남편과 아내가 서로 도우며, 적법한 자녀를 통하여 인류를 증가시키고, 거룩한 자손을 통하여 교회를 왕성하게 하기 위해, 그리고 부정을 막기 위해 제정되었다"(신앙고백서 24:2).

성도의 결혼과 가정생활

성도는 하나님께서 제정하신 결혼 제도를 따라 결혼하며 가정생활을 이어가야 합니다. 하나님께서는 결혼을 한 남자와 한 여자를 통하여 이루셨습니다. 그래서 고백서는 "결혼은 한 남자와 한 여자 사이에 이루어진다. 남자가 두 사람 이상의 아내를 동시에 두거나, 여자가 두 사람 이상의 남편을 동시에 두는 것은 다 합법적이지 않다."라고 했습니다(신앙고백서 24:1).

결혼의 목적은 하나님 나라를 더욱 영화롭게 하는 데 있습니다. 남편은 아내를 기쁘게 하는 것을 목적으로 세워서는 안 됩니다. 아내 역시 남편을 기쁘게 만들기 위해 결혼하지 말아야 합니다. 물론 남편과 아내는 서로 사랑하고· 아끼며 존중해야 합니다. 그러나 남편의 우선적인 목적은 하나님께서 주신 사명을 이루는 것입니다. 아내는 그 남편의 사명을 최선을 다해 도와야 합니다. 이것이 성도의 가정생활입니다. 이러한 결혼의 목적을 이루기 위해 불신자나 우상숭배자와 혼인해서는 안 됩니다. 우리 고백서도 이 면을 강조했습니다. "그러므로 참된 개혁신앙을 고백하는 자들은 불신자, 로마교신자나 여타 우상숭배자와 혼인할 수 없다"(신앙고백서 24:3). 우리 성도된 부부들은 서로를 바라보며 살지 말고, 함께 하나님을 바라보며 삶으로 진정한 행복을 누리기를 바랍니다.

| 함께 생각할 문제

1. 결혼이 어떻게 하나님의 명령을 수행하는 방편이 되는지 창조 사건을 통해서 설명해봅시다.

2. 에덴에서 주어진 왕과 제사장적 사역에 대해서 설명해봅시다.

3. 창세기 2:18~25에 하나님께서 여자를 만드신 이유는 무엇입니까?

4. 하나님께서 말씀하신 가정생활(결혼)의 목적은 무엇입니까? 남편과 아내로서 성도의 가정생활의 모습은 각각 어떠해야 합니까?

5. 성경적 결혼관에 따라 배우자를 위한 기도를 어떤 내용으로 해야할지 나누어봅시다.

19

그리스도의 신부인 교회

고린도후서 11:1~4 | 고백서 25장 교회

25장 교회

25.1 공교회 또는 보편적 교회는 무형인데, 과거와 현재와 미래에 머리인 그리스도 아래 하나로 모이는 택함 받은 사람들의 전체이며, 이 교회는 그리스도의 신부요 몸이며, 만물 안에서 만물을 충만하게 하시는 분의 충만이다.

25.5 천하에서 지극히 순수한 교회라 하더라도 혼합과 오류에서 벗어날 수 없다. 더러는 그리스도의 교회임을 멈추고 사탄의 회가 될 정도로 타락하였다. 그럼에도 불구하고 이 땅에는 하나님의 뜻을 따라 그분을 예배하는 교회가 항상 있을 것이다.

19 그리스도의 신부인 교회
고린도후서 11:1~4 | 고백서 25장 교회

홀대 받는 교회

연로한 부모들의 큰 고민 중 하나가 자녀의 혼사입니다. 특히 과년한 처녀가 시집을 가지 않고 집 안에 있으면 명절마다 꼭 한 번은 어색한 분위기가 연출됩니다. 그래서 나이 든 딸은 명절에 아예 집으로 가지 않고 회사일이 바쁘다는 핑계를 대고 선물만 보내거나 그렇지 않으면 배낭을 메고 해외로 갑니다. 지금은 그래도 많이 부드러워졌지만 예전에는 늙은 딸을 시집보내려고 어머니들이 속병을 많이 앓았습니다. 반면에 조건 좋은 아가씨 집안은 늘 중매쟁이들의 방문이 잦았습니다.

한국 사회의 한 단면입니다.

교회는 그리스도의 신부입니다. 신부는 신랑을 맞이하여 혼인할 준비를 착실히 해야 합니다. 그렇지 않으면 결코 좋은 신부가 되지 못합니다. 특별히 신부는 정결함을 유지해야 합니다. 곧 거룩함입니다. 신부가 창기처럼 살았다면 이는 큰 낭패입니다. 신랑은 이런 신부를 원하지 않습니다. 우리의 교회는 어떤가요? 신랑에게 홀대받는 신부는 아닌가요?

바울은 고린도교회를 향하여 정결한 처녀라고 했습니다. 그러면서 신부의 조건과 모습을 제시했습니다. 우리는 이러한 사도 바울의 가르침을 따라 우리의 교회가 정결한 신부로 세워지기를 소망합니다. 결코 더럽혀진 신부가 되어서는 안 됩니다. 교회는 신랑을 위해 단장한 예쁜 신부가 되어야 합니다.

중매하는 사도

한국의 교회는 고린도교회와 흡사합니다. 고린도교회는 문제가 너무 많아 복음의 능력이 사라진 것처럼 보입니다. 분쟁과 음행, 다양한 은사를 가진 사람들 간의 불화와 교만, 사도의 권위를 무시하는 사람들, 심지어 부활 신앙에 대해 의심하는 이들까지 말입니다. 복음의 신비가 사라진 고린도교회를 향하여 바울은 애절하게 호소합니다.

사도 바울은 교회를 향한 자신의 애틋한 사랑을 "내가 하나님의 열심으로 너희를 위하여 열심을 내노니"(2절)라고 표현했습니다. '하나님의 열심'은 어떤 종류일까요? 구약성경에서 이 표현은 이사야 9장에 나타납니다. "이는 한 아기가 우리에게 났고 한 아들을 우리에게 주신 바 되었는데 그의 어깨에는 정사를 메었고 그의 이름은 기묘자라, 모사라, 전능하신 하나님이라, 영존하시는 아버지라, 평강의 왕이라 할 것임이라 그 정사와 평강의 더함이 무궁하며 또 다윗의 왕좌와 그의 나라에 군림하여 그 나라를 굳게 세우고 지금 이후로 영원히 정의와 공의로 그것을 보존하실 것이라 만군의 여호와의 열심이 이를 이루시리라"(사 9:6~7).

하나님께서 한 아들을 백성들 가운데 주시는데 그분이 기묘한 일을 계획하는 분이요, 전능하신 하나님이시며, 평강의 왕입니다. 그 아들을 통하여 다윗의 왕좌와 나라가 굳게 세워집니다. 이러한 일을 만군의 여호와께서 열심히 이루신다고 하셨습니다. 두말할 필요 없이 "한 아들"은 예수님이십니다. 그 아들이 그분의 나라를 세웁니다. 그래서 하나님의 열심이란, 그 분이 친히 구원의 역사를 이루신다는 뜻입니다(겔 39:25 참고).

바울은 자신도 그 하나님의 열심으로 고린도교회를 위하여 열심을 낸다고 했습니다. 그런데 그 열심의 실제가 무엇입니까? 고린도교회를 정결한 처녀로 남편인 그리스도께 드리기 위해 중매하는 일입니다. 바울은 중매하는 그 일을 하나님께서 이스라엘을 위해 구속의 역사를 행하시는 것같이 열정적으로 행한다고 합니다. 신랑 되신 그리스도와 신부인 교회를 중매하는 일은 사도의 중요한 직무입니다. 이 중매라는 말에서 영어의 하모니(Harmony)가 나왔습니다. 이 일은 하나님께서 이루시고자 하신 구원의 실체입니다.

신랑 되신 그리스도와 신부인 교회

그리스도와 교회의 관계가 신랑과 신부, 곧 부부관계라는 표상은 신약성경에서 갑자기 등장하지 않았습니다. 이 표상은 구약과 신약 전반에 넓고 깊게 뿌리내려 있습니다. 에스겔 16장이나 23장의 경우, 이스라엘과 하나님의 관계는 마치 부부처럼 묘사됩니다. 에스겔 16장은 왕이 버려진 여자 아이를 데려다 아름다운 신부로 키워 왕비로 삼았는데, 그 왕비가 은혜를 저버리고 다른 남자와 행음하였다고 말합니다.

"이와 같이 네가 금, 은으로 장식하고 가는 베와 모시와 수 놓은 것을 입으며 또 고운 밀가루와 꿀과 기름을 먹음으로 극히 곱고 형통하여 왕후의 지위에 올랐느니라 네 화려함으로 말미암아 네 명성이 이방인 중에 퍼졌음은 내가 네게 입힌 영화로 네 화려함이 온전함이라 나 주 여호와의 말이니라 그러나 네가 네 화려함을 믿고 네 명성을 가지고 행음하되 지나가는 모든 자와 더불어 음란을 많이 행하므로 네 몸이 그들의 것이 되도다 네가 네 의복을 가지고 너를 위하여 각색으로 산당을 꾸미고 거기에서 행음하였나니 이런 일은 전무후무하니라"(겔 16:13~16).

에스겔 23장도 동일합니다. 형의 이름은 오홀라요 동생의 이름은 오홀리바인데, 형은 사마리아를, 아우는 예루살렘을 의미합니다(겔 23:4). 사마리아(오홀라)는 앗수르와 연애하여 하나님을 떠났습니다. 그래서 하나님께서는 그들을 앗수르의 칼에 능욕을 당하게 했습니다(겔 23:10). 그런데 아우 예루살렘(오홀리바) 조차 이를 경계로 삼지 않고 똑같이 음행했습니다. 결국 하나님께서는 유다 왕국도 그들이 그토록 원했던 바벨론을 사용하여 철저하게 심판했습니다(겔 23:23~26).

하나님께서는 선지자 호세아를 통하여 더 직설적으로 언약 백성의 음행을 질타하셨습니다. 호세아는 음탕한 고멜을 아내로 맞이했고, 음란한 자식을 낳았습니다. 이스르엘, 로루하마, 로암미라는 세 자녀의 이름은 언약 백성들의 영적 상태를 너무나 적나라하게 보여줍니다. 이스르엘은 하나님께서 흩으신다는 뜻이며, 로루하마는 '긍휼히 여김을 받지 못한다'는 뜻이고, 로암미는 '내 백성이 아니다'라는 말입니다. 신부인 구약 교회는 흩어짐을 당하며, 하나님의 긍휼은 사라지고 마지막에는 내 백성이 아니라는 선언을 듣습니다. 곧 혼인 관계가 파기되는 이혼 통보를 받습니다.

바로 이러한 배경에서 신랑 되신 예수님께서 오셨습니다. 그리고 새로운 신부를 찾으셨습니다. 세례 요한은 새 신부를 찾으러 오신 예수님의 사역과 교회의 관계를 설명하면서 의미 깊은 말을 했습니다. "신부를 취하는 자는 신랑이나 서서 신랑의 음성을 듣는 친구가 크게 기뻐하나니 나는 이러한 기쁨으로 충만하였노라"(요 3:29). 세례 요한은 예수님을 신랑으로 그의 백성들을 신부로 설명했습니다.

　　안타깝게도 신랑으로 오신 예수님의 눈에 당대의 언약 백성들은 정결한 신부가 아니었습니다. 그들은 악하고 음란한 신부였습니다. "예수께서 대답하여 이르시되 악하고 음란한 세대가 표적을 구하나 선지자 요나의 표적 밖에는 보일 표적이 없느니라"(마 12:39), "누구든지 이 음란하고 죄 많은 세대에서 나와 내 말을 부끄러워하면 인자도 아버지의 영광으로 거룩한 천사들과 함께 올 때에 그 사람을 부끄러워하리라"(막 8:38). 그래서 우리 신앙고백서는 "천하에서 지극히 순수한 교회라 하더라도 혼합과 오류에서 벗어날 수 없다. 더러는 그리스도의 교회임을 멈추고 사탄의 회가 될 정도로 타락하였다."라고 했습니다(신앙고백서 25:5).

　　예수님께서는 사도들을 불러 그들에게 임무를 주셨습니다. 이제 사도들은 신랑 되신 예수님에게 참 신부인 교회를 중매해야 합니다. 새 신부는 옛 신부들처럼 우상을 섬기며, 세상의 좋은 것들을 따라가는 음행을 행하면 안 됩니다. 새 신부는 참으로 정결한 처녀여야 합니다. 우리 고백서는 이러한 교회를 "그리스도의 신부요 몸이며"라고 했습니다(신앙고백서 25:1).

고린도교회를 통하여 받는 경고

바울은 고린도교회에 대한 염려를 밝힙니다. 뱀이 그 간계로 하와를 미혹한 것 같이 그들의 마음도 그리스도를 향하는 진실함과 깨끗함에서 떠나 부패할까 두렵다고 했습니다(3절). 바울은 첫 사람 아담과 하와의 범죄와 같은 일이 고린도교회에서 일어날 것을 두려워합니다. 그러면서 4절에서 그러한 염려가 실제로 일어나고 있음을 말합니다. "우리가 전파하지 아니한 다른 예수를 전파하거나 혹은 너희가 받지 아니한 다른 영을 받게 하거나 혹은 너희가 받지 아니한 다른 복음을 받게 할 때에는 너희가 잘 용납하는구나."

어떤 사람들이 고린도교회에 왔습니다. 그들은 사도들이 전한 예수님과는 다른 예수를 전파했고, 다른 영을 받게 했으며, 다른 복음을 받게 했습니다. 이들은 다름 아니라 유대인들입니다. 이들은 거짓 사도요 속이는 일꾼입니다(고후 11:13). 곧 이미 신부의 자격을 박탈당한 옛 언약 백성들에 속한 자들이었습니다. 그 거짓 선생들의 활동은 새 신부를 유린하였습니다. 사도 시대의 교회는 이들의 공격에 너무나 큰 타격을 입었습니다.

고린도교회뿐만 아니라 갈라디아 지역의 교회도 유사한 일이 일어났습니다(갈 1:6~8).

고린도교회에 찾아온 위기의 핵심은 사도들과 다른 복음을 전하는 자들을 교회가 용납했기 때문입니다. 마치 안디옥교회에 사도들의 허락 없이 예루살렘에서 올라간 어떤 이들이 문제를 일으킨 것과 똑같습니다(행 15:1,24). 그들은 할례를 받아야 구원을 얻을 수 있다는 거짓 복음을 가르쳤습니다. 이것은 사도들이 전한 복음이 아닙니다. 구원은 그리스도의 삶과 죽음과 부활과 승천을 믿는 믿음으로 얻습니다.

사도들이 전한 복음과 조금이라도 다르면 이는 정결한 신부의 모습을 상실하는 것입니다. 바울은 모든 교회를 향하여 정결한 신부여야 한다고 강조합니다. 교회가 정결한 신부가 되기 위해서는 사도들이 전한 복음 외에 다른 것을 용납하면 안 됩니다. 이 사도가 전한 복음을 지키기 위해 그리스도께서는 이 보편적인 유형교회에 교역과 말씀과 하나님의 규례를 주셨습니다(신앙고백서 25:3). 곧 직분과 말씀과 성례입니다. 직분과 말씀과 성례를 통하여 사랑받는 신부인 고신교회가 되기를 소망합니다.

| 함께 생각할 문제

1. 구약과 신약 전반에서 그리스도와 교회의 관계를 무엇으로 묘사
   합니까?

2. 하나님의 열심은 무엇이며, 이를 위한 사도바울의 사역은 무엇
   입니까?

3. 하나님께서 예수님과 사도들을 통해 행음한 구약교회를 어떻게
   심판하셨습니까?

4. 교회가 정결한 신부의 모습을 유지하는 방법은 무엇입니까?

5. 직분과 말씀과 성례가 어떻게 교회를 지켜낼 수 있는지 설명해
   봅시다.

20

약속을 신뢰하는 표(標)와 인(印)

창세기 17:1~14 | 고백서 28장 세례

28장 세례

28.1 세례는 신약의 성례로서, 예수 그리스도께서 제정하셨고, 수세자(受
洗者)를 유형교회에 엄숙하게 가입시킬 뿐만 아니라, 그가 그리스도
께 접붙혀짐과 중생과 사죄와 예수 그리스도를 통하여 하나님께 자
신을 봉헌하여 새로운 삶을 살 수 있게 하는 은혜언약의 표와 인이
다. 이 성례는 그리스도께서 친히 지시하셨기 때문에 그분의 교회에
서 세상 끝날까지 계속되어야 한다.

28.4 그리스도를 믿는 믿음과 그분에게 순종을 실제로 고백하는 자들뿐
만 아니라, 한 편이나 양편이 믿는 부모를 둔 유아도 세례 받을 수
있다.

20 약속을 신뢰하는 표(標)와 인(印)

창세기 17:1~14 | 고백서 28장 세례

아브라함에게 주어진 약속

선지자 이사야는 말하길, "너희의 조상 아브라함과 너희를 낳은 사라를 생각하여 보라 아브라함이 혼자 있을 때에 내가 그를 부르고 그에게 복을 주어 창성하게 하였느니라"라고 했습니다(사 51:2). 갈대아 우르에서 부름 받은 아브라함은 갈 바를 알지 못하고 떠났습니다(히 11:8). 우르를 떠난 그의 가족은 잠시 하란에 머물렀는데 그곳에서 아버지 데라는 죽었으며, 그는 다시 하나님으로부터 약속을 받았습니다. 그의 나이 75세 때였습니다(창 12:4).

그가 받은 약속은 큰 민족을 이루며, 복의 근원이 되고, 가나안 땅을 자손들에게 주겠다는 것이었습니다. 약속은 세 가지이지만 결국은 하나인데, 바로 하나님 나라입니다. 하나님께서는 셈의 후예인 아브라함에게 하나님께서 다스리는 나라를 약속하셨습니다. 백성과 땅과 복의 근원이라 했는데, 복의 근원이라는 약속은 결국 하나님께서 만드실 나라의 정체성을 가장 잘 드러내는 표현입니다. 신령한 하늘의 복이 아브라함을 통하여 건설된 바로 그 나라로 말미암아 온 세상에 주어집니다.

아브라함이 이 약속을 받을 때에 아내 사래는 자식이 없었습니다(창 11:30). 단 한 명의 자녀도 없는 중에 하나님께서는 아브라함에게 '큰 민족'을 약속하셨습니다. 아브라함은 그 약속을 믿고 오래 기다렸습니다. 오래 기다렸지만 사래는 자녀를 낳지 못했습니다. 결국 아브라함은 다메섹 사람 엘리에셀을 상속자로 삼으려 했습니다(창 15:2). 하나님께서는 이를 반대하셨으며 오히려 "네 몸에서 날 자가 네 상속자가 되리라"라고 하셨습니다(창 15:4). 덧붙여 약속의 땅에 대한 보증으로 쪼갠 짐승 사이로 타는 횃불이 지나가는 광경을 보여주었습니다.

각각 3년 된 암소, 암염소, 숫양이 쪼개졌습니다. 짐승을 둘로 쪼개고 그 사이로 지나는 것은 언약을 맺었다는 표입니다(렘 34:18). 어느 한 쪽이 그 언약에 불충성할 경우 쪼개진 짐승처럼 저주를 받습니다. 하나님께서는 아브라함에게 언약을 어길 경우에 받을 저주의 모습을 직접 보여주었습니다. 언약 곧 약속은 하나님께서 스스로에게 하신 맹세이기도 합니다(신 29:10~15). 그러니 그 약속이 이루어지지 않으면 하나님 스스로 쪼갠 짐승처럼 저주를 기꺼이 받겠다는 표입니다. 이러한 하나님의 선언이 있고 또 얼마간의 시간이 지났습니다.

99세 때에

아브라함의 나이 99세 때였습니다. 하란에서 약속을 받고 벌써 24년이 지났습니다. 하나님께서 아브라함을 다시 찾아오셨습니다. 그리고 자신을 "전능한 하나님"이라고 소개하십니다. "너는 내 앞에서 행하여 완전하라"고도 했습니다(1절). 하나님께서 스스로를 전능하다고 소개한 것은 언약 체결에서 행하시는 첫 선언과도 같습니다. 전능하시다는 말씀은 못 하시는 것이 없다는 뜻이나 능력이 많다는 의미로 받기보다 약속을 확실히 이루신다는 의미로 이해해야 합니다. 하나님께서는 자기 백성들에게 하신 약속을 반드시 이루십니다.

아브라함은 하나님 앞에서 완전해야 합니다. 이 말씀은 죄가 없는 완벽한 상태를 유지하라는 뜻이 아닙니다. 이것은 종주 왕이 봉신 왕에게 요구하는 언약의 직무입니다. 약속을 맺은 봉신 왕은 그 직무에 신실하게 봉사하며 충성해야 합니다.

이를 통해 하나님께서는 다시금 아브라함과 자신이 언약 관계로 맺어져 있음을 확증하셨습니다.

하나님께서는 아브라함의 이름을 아브람에서 아브라함으로 바꿉니다. 아브람은 '존귀한 아버지'라는 뜻인데, 아브라함은 '열국의 아버지'라는 뜻입니다. 오래전에 하신 약속을 다시 한 번 선언하셨습니다. 아브라함으로부터 왕들과 나라들이 일어날 것입니다. 동시에 너와 너의 후손의 하나님이 되리라고 하셨습니다. 더불어 가나안 일경을 주시겠다는 약속도 한 번 더 언급합니다. 긴 기다림은 하나님을 알고 배우는 교과서입니다.

할례를 통한 언약의 표를 명령하심

하나님께서는 아브라함과 그 후손들에게 언약을 지킬 것을 명령합니다. 그리고 할례를 행할 것도 명령하셨습니다. 할례를 받아야 할 대상은 아브라함의 집에 있는 모든 남자들입니다. 어린아이들도 할례를 받아야 하는데, 난 지 팔일 만에 받아야 합니다. 양피를 벰으로 하나님과 자기 백성 사이의 언약의 표징이 됩니다(11절).

표가 된다는 말씀은 대단히 깊은 의미를 갖습니다. 바울은 본문 11절 말씀을 인용하여 "그가 할례의 표를 받은 것은 무할례시에 믿음으로 된 의를 인친 것이니"(롬 4:11)라고 했습니다. '할례의 표'라는 말과 '믿음으로 된 의를 인친 것'이라는 표현은 이후 교회 역사에서 세례를 규정하는 용어가 되었습니다. 우리 고백서는 이를 "은혜언약의 표와 인이다."라고 했습니다(신앙고백서 28:1).

표라는 말씀은 신구약성경에서 아주 다양하게 사용되었습니다. 하나님께서는 가인에게 표를 주어 생명이 보존되게 했습니다(창 4:15). 노아 언약에서 무지개는 언약의 표로 증거의 기능을 했습니다(창 9:13). 유월절의 기원에서 애굽의 장자들을 칠 때에 어린양의 피가 표적이 되어 이스라엘 백성들은 생명을 얻었습니다(출 12:13).

이와 같이 할례도 표였습니다. 이 표는 하나님께서 아브라함에게 하신 약속을 반드시 지키신다는 사실을 받아들이게 하는 증거였습니다. 동시에 아브라함 편에서의 보답도 포함합니다. "너는 내 언약을 지키고 네 후손도 대대로 지키라"(9절)라는 말씀을 받아 그대로 행하겠다는 증거이기도 합니다. 이렇듯 할례는 표인데, 하나님의 약속을 신뢰하고 받았음을 증거하며, 언약이 성취될 것을 보증합니다. 그래서 바울은 로마서 4:11에서 표와 인을 거의 동의어로 사용했고 인(印)을 표의 의미에 대한 해명으로 보았습니다.

언약 백성들 중에 누구라도 할례를 받지 않으면 백성 중에서 끊어집니다(14절). 이렇듯 할례는 백성이 될지 말지를 결정하는 중요한 표입니다. 할례를 행하지 않은 사람은 백성 중에서 끊어진다는 선언은 할례라는 행위를 통해 주어지는 의미를 잘 깨닫게 합니다. 할례는 남자의 생식기 일부를 칼로 베는 일인데 이 자름을 통하여 신체의 일부가 몸에서 떨어져 나가는 것을 보여주며, 동시에 생명의 단절도 상징합니다. 곧 신체 일부가 잘려나갔으니 그 행위는 전체 공동체로부터 떨어짐을 눈으로 확증합니다. 또한 남자의 생식기가 잘려나갔으니 더 이상 자녀 생산이 불가능합니다. 그런데 약속은 큰 민족을 이루겠다는 것입니다. 이 약속을 믿음으로 받지 않은 사람은 할례를 할 필요가 없습니다. 그래서 할례는 언약의 저주를 미리 보여줌으로 경계의 표가 되게 했습니다.

칼로 남자의 생식기를 자르는 행위는 창세기 15장에서 짐승이 쪼개지는 것과도 연결됩니다. 짐승의 죽음은 일종의 언약의 저주입니다. 약속을 파기한 쪽은 짐승이 쪼개지는 것처럼 언약의 저주를 받아 죽어야 합니다. 신체의 일부를 자르는 언약의 표를 지님으로 약속이 백성들 가운데 있음을 확증합니다. 그런데 할례를 행하지 않는다는 것은 그 약속을 받지 않겠다는 표이기에 약속의 백성에서 제외됩니다. 이는 곧 죽음을 의미합니다. 하나님의 백성에게서 떨어졌으니 사망의 형벌을 받은 것입니다.

바울은 이러한 의미를 이해하여 아브라함의 믿음을 설명합니다. "그가 백 세나 되어 자기 몸이 죽은 것 같고 사라의 태가 죽은 것 같음을 알고도 믿음이 약하여지지 아니하고"(롬 4:19). 아브라함은 '자신의 몸이 죽은 것 같다'고 했습니다. 이는 그 자신이 마치 언약의 저주 가운데 있는 것처럼 보였지만 하나님의 약속을 믿는 믿음이 결코 약해지지 않았음을 가르칩니다.

할례와 세례 그리고 교회 건설

할례는 하나님의 약속을 수납한 표이며 인입니다. 하지만 이 제도는 구약 백성들에게 주어진 제도입니다. 예수님께서 이 땅에 오셔서 새로운 시대를 여셨고, 할례와 동일한 의미의 제도를 제정하셨습니다. 그것은 곧 세례입니다. 바울은 신약 교회가 손으로 하지 않은 할례 즉 그리스도의 할례를 받았다고 선언했습니다(골 2:11). 이어서 그리스도와 함께 장사된 것을 세례로 설명합니다(골 2:12).

야고보와 요한이 주님의 영광 중에 좌우편의 자리를 요청할 때 주님이 주신 답변을 우리는 기억합니다. "내가 마시는 잔을 너희가 마실 수 있으며 내가 받는 세례를 너희가 받을 수 있느냐"라고 하셨습니다(막 10:38). 예수님께서는 자신의 죽으심을 세례로 설명하셨습니다. 골고다의 십자가는 언약의 짐승이 쪼개지는 것처럼 예수님께서 친히 자기 백성들을 대신하여 언약의 저주를 받으심입니다(창 15장; 마 27:51; 히 10:20).

예수님께서는 승천하시기 전 제자들에게 모든 민족으로 제자를 삼으라고 명령하셨습니다(마 28:19~20). 그 명령을 따라 사도들은 아버지와 아들과 성령의 이름으로 세례를 베풀고 가르치면서 제자를 삼았습니다. 제자를 삼는다는 표현은 교회를 세운다는 뜻입니다(행 2:4, 6:7). 우리 주님께서는 "아버지와 아들과 성령의 이름으로 세례를 베풀"라고 하셨습니다.

세례는 교회를 건설하는 가장 핵심적인 방편입니다. 이 주님의 명령이 있었기에 교회는 세례를 통하여 교회 회원을 확정하며, 그리스도를 통하여 이들을 새로운 백성으로 살아가게 만듭니다. 이를 우리 고백서는 아주 선명하게 가르칩니다. "세례는 신약의 성례로서, 예수 그리스도께서 제정하셨고, 수세자를 유형교회에 엄숙하게 가입시킬 뿐만 아니라, 그가 그리스도께 접붙혀짐과 중생과 사죄와 예수 그리스도를 통하여 하나님께 자신을 봉헌하여 새로운 삶을 살 수 있게 하는 은혜언약의 표와 인이다"(신앙고백서 28:1).

구약의 원리는 신약에서도 유지됩니다. 단지 그 형식에 변화가 있을 따름입니다. 난 지 팔일 된 아이는 반드시 언약의 표인 할례를 받아야 합니다. 그러므로 한 편이나 양편이 믿는 부모를 둔 유아도 세례를 받을 수 있습니다(신앙고백서 28:4). 지속적인 세례 베풂이 교회 건설의 초석입니다.

1. 하나님께서 아브라함에게 주신 약속은 무엇입니까?

2. 할례의 표는 구체적으로 무엇을 드러냅니까?

3. 창세기 15장의 짐승이 쪼개지는 것과 할례는 어떻게 연결됩니까?

4. 구약의 할례가 신약에서는 세례입니다. 세례가 교회 건설의 핵심적인 방편이 되는 이유를 설명해봅시다.

5. 세례의 약화가 교회에 미치는 영향을 나누어봅시다.

21

주님께서 베푸신 성찬

마태복음 26:17~29 | 고백서 27장 성례, 29장 성찬

27장 성례, 29장 성찬

27.4 우리 주 그리스도께서 복음서에서 제정하신 성례에는 두 가지가 있으니 곧 세례와 성찬이다. 이 두 성례는 아무나 베풀 수 없으며, 합법적으로 임직 받은 말씀의 사역자(목사)만 베풀 수 있다.

29.1 우리 주 예수님께서는 배신당하시던 밤에 성찬이라 불리는 자기 몸과 피의 성례를 제정하시어 자기 교회에서 세상 끝 날까지 준행하게 하셨다. 이는 주님께서 죽으심으로 자기 자신을 제물로 바치신 일을 항구적으로 기억하게 하며, 참 신자에게 미치는 그 희생의 은덕들, 그분 안에서 그들이 누리는 영적 양식과 성장, 그들이 그분께 다하여야 할 모든 의무를 이행하는 데까지 나아갈 것을 인(印) 치려함이다. 또한 성찬은 그들이 그분과 더불어 나누는 교제와 그분의 신비적 몸의 지체으로서 서로 나누는 교제의 띠요 보증이다.

29.7 이 성례의 가시적 요소에 외적으로 참여함으로써 합당하게 성찬을 받는 자들은 믿음으로 인하여 내적으로 그리고 참으로 참여하며, 그냥 육적이거나 몸으로만이 아니라 영적으로 십자가의 그리스도와 그분의 죽음이 주는 모든 은덕을 받고 먹는다. 이때 그리스도의 몸과 피는 빵과 포도주 안이나 그것들과 더불어 또는 그것들 아래에 몸으로나 육적으로 임재하지 않는다. 오히려 그리스도의 몸과 피는 그 규례 안에서 실재(實在)로, 그러나 영적으로 신자들의 믿음에 임한다. 이것은 마치 요소들이 외적 감각들에 감지되어 임하는 것과 같다.

21 주님께서 베푸신 성찬
마태복음 26:17~29 | 고백서 27장 성례, 29장 성찬

아픈 흔적을 간직한 성찬

1536년 8월 어느 날 스트라스부르로 가는 길에 제네바에 머문 칼빈은 그만 그 도시의 교사가 되었습니다. 제네바를 개혁 신앙에 투철한 도시로 만들고 싶었던 파렐은 칼빈을 그 도시에 머물게 했습니다. 칼빈과 파렐은 1537년 1월 중순에 시의회에 몇 가지 중요한 요청을 했습니다. 그러나 그들의 매주 성찬, 혹은 최소한 한 달에 한 번의 성찬 요청은 거절되었고, 출교의 권한이 시의회에 있는 것이 아니라 교회에 있어야 한다는 주장도 받아들여지지 않았습니다.

얼마 있지 않아 베른 의회는 제네바 의회에 로마가톨릭 방식의 성찬을 요구했습니다. 제네바의 200인 의회는 칼빈과 제네바의 목회자들에게 베른이 요구하는 성찬을 행할 것을 명령합니다. 칼빈과 제네바의 목회자들은 시의회의 요청을 거절하였고, 그해 부활절에는 성찬이 행해지지 않았습니다. 결국 그 일이 도화선이 되어 칼빈은 제네바에서 쫓겨났습니다. 1538년 4월 25일이었습니다.

성찬의 문제가 칼빈 선생 혼자의 아픔은 아닙니다. 사실, 우리가 교회 역사를 통해 알고 있듯이 루터와 쯔빙글리와 칼빈의 성찬 이해는 모두 달랐습니다. 이 문제는 루터파와 다른 개혁주의자들 사이를 가르는 중요한 원인 중 하나였습니다. 모두가 하나님의 새로운 가족으로 하나 됨을 증거해야 될 성찬이 오히려 교회의 연합을 깨뜨리게 하는 도구가 되었습니다. 칼빈은 이 분열을 막기 위해 열 바다라도 건너는 수고를 마다하지 않겠다고 했습니다. 그러므로 우리는 성경의 가르침을 더욱 풍성하고 분명히 깨달아 성찬의 의미를 잘 드러낼 뿐만 아니라 교회의 하나 됨을 힘써 이루어야 합니다.

예수님께서 제정하신 성찬

성찬은 예수님께서 제정하셨습니다. 우리 신앙고백서는 주님께서 성찬 규례를 제정하셨음을 분명히 함으로 세례와 성찬만이 성례임을 천명했습니다(신앙고백서 27:4). "우리 주 예수님께서는 배신당하시던 밤에 성찬이라 불리는 자기 몸과 피의 성례를 제정하시어 자기 교회에서 세상 끝 날까지 준행하게 하셨다."(신앙고백서 29:1). 예수님께서는 제자들과 유월절 절기를 지키시는 중에 이 규례를 제정하셨습니다(17~29절). 그러니 유월절과 성찬의 의미는 필연적으로 연결하여 이해되어야 합니다. 제자들이 유월절 음식을 어디에서 잡수실 것인지 질문하였고, 주님께서는 성안 어떤 사람의 집을 정해주셨습니다(17~19절). 바로 그 유월절 상(床)에서 제자 중 한 사람이 자신을 팔 것을 말씀하셨습니다(21절). 그것은 바로 주님의 죽으심을 의미합니다. 마태복음은 주님께서 팔리실 것과 유월절 음식 나눔을 의도적으로 연결하였습니다.

유월절은 이스라엘이 애굽의 압제로부터 해방되어 자유로워지며, 약속의 땅 가나안으로 출발하는 하루 전날에 이루어진 사건을 기념하는 날입니다(출 12:14). 그날 밤에 언약 백성들은 양을 잡아 피를 문설주에 발랐고, 고기는 불에 구워서 누룩을 넣지 않은 떡과 쓴 나물과 함께 먹었습니다. 이스라엘 백성들은 그 음식을 마치 군인들이 출정을 위해 만반의 준비를 갖추고 음식을 먹는 것처럼 먹었습니다. 허리에 띠를 띠고 발에 신을 신고 손에 지팡이를 잡고 급히 먹었습니다(출 12:11).

그 밤에 하나님께서는 피가 있는 집은 건너가시고 피가 없는 집에 들어가 모든 처음 난 것을 죽이셨습니다. 하나님께서는 피를 보시고 이스라엘 집의 장자들과 초태생을 살리셨습니다. 그 집을 넘어갔습니다. 바로 여기 '넘어갔다'는 말이 유월절이라는 뜻입니다. 어린 양의 피는 이스라엘의 장자들을 모두 살렸습니다. 장자들이 살았지만 그 장자들은 이스라엘 백성 전체를 대표하는 이들입니다. 실상 여호와께서는 이스라엘을 내 아들 내 장자라 하셨습니다(출 4:22). 그러니 그 밤에 이스라엘 모두가 살아났던 것입니다.

애굽으로부터의 탈출, 곧 출애굽은 사단의 권세를 무너뜨리는 하나님의 구원을 극적으로 보여주는 사건입니다. 애굽은 노아로부터 저주를 받은 가나안의 아비 함에게 소속된 땅입니다. 그래서 시편 105:23은 '이스라엘이 애굽에 들어간 것을 야곱이 함 땅에 객이 되었다'고 했습니다. 시편 78:51은 "애굽에서 모든 장자 곧 함의 장막에 있는 그들의 기력의 처음 것을 치셨으나"라고 했습니다. 이렇듯 유월절은 사단의 머리를 상하게 하는 하나님의 승리의 표입니다. 그래서 고백서는 성찬은 "주님께서 죽으심으로 자기 자신을 제물로 바치신 일을 항구적으로 기억하게 하며, 참 신자에게 미치는 그 희생의 은덕들, 그분 안에서 그들이 누리는 영적 양식과 성장, 그들이 그분께 다하여야 할 모든 의무를 이행하는 데까지 나아갈 것을 인(印) 치려함이다."라고 합니다(신앙고백서 29:1).

받아서 먹으라 이것은 내 몸이니라

예수님께서는 유월절의 승리를 성취하려 하셨습니다. 그 밤에 언약 백성들은 어린 양의 고기와 쓴 나물과 함께 떡을 먹었습니다. 그 떡은 그들에게 영원히 지워지지 않는 표였습니다. 이스라엘은 광야에서 40년 동안 하늘의 양식인 만나를 먹었습니다. 광야의 백성들은 오직 하늘의 양식만으로 그들의 생명을 유지했습니다(신 8:3). 예수님께서는 자신이 바로 만나를 대신하는 생명의 떡임을 선포하셨고, 이 떡 곧 내 살을 먹는 자는 영생하리라고 선언하셨습니다.

"내가 곧 생명의 떡이니라 너희 조상들은 광야에서 만나를 먹었어도 죽었거니와 이는 하늘에서 내려오는 떡이니 사람으로 하여금 먹고 죽지 아니하게 하는 것이니라 나는 하늘에서 내려온 살아 있는 떡이니 사람이 이 떡을 먹으면 영생하리라 내가 줄 떡은 곧 세상의 생명을 위한 내 살이니라 하시니라"(요 6:48~51). 떡은 생명을 지속시키는 양식입니다. 오직 주님만이 생명의 양식을 제공하십니다. 다른 이를 통해서는 구원을 얻을 수 없습니다.

주님께서는 제자들에게 이 떡을 주셨습니다. 떡을 취하시고 떼어 제자들에게 주셨습니다. 하나의 떡입니다. 그래서 바울은 "떡이 하나요 많은 우리가 한 몸이니 이는 우리가 다 한 떡에 참여함이라"라고 했습니다(고전 10:17). 많은 지체들이 한 분 그리스도의 몸인 떡을 먹음으로 하나 됨을 지켜야 하며, 한 가족으로 살아가야 합니다. 교회는 성찬의 떡을 먹을 때마다 하나님의 하나 되게 하심을 힘써 지키지 못함을 회개해야 하며, 나아가 한 형제와 자매임을 더욱 강화하기 위해 헌신해야 합니다.

주님께서는 떡을 '떼어' 주셨습니다. "예수께서 떡을 가지사 축복하시고 떼어 제자들에게 주시며"(26절). 사도들은 주님의 가르침을 따라 떡을 떼어 성찬을 나누었습니다(행 2:42; 고전 11:24). 고린도전서 11:24에서 "축사하시고 떼어 이르시되"라는 말씀에서 '떼어'라는 말씀은 '찢겨진'이라는 의미입니다. 그러므로 우리는 성찬을 나눌 때에 떡을 뗌으로 십자가에서 찢겨진 주님의 죽음을 기억합니다.

예수님께서는 떡을 떼어 제자들에게 주시면서 "받아서 먹으라"고 말씀하셨고, "이것은 내 몸이니라"라고도 하셨습니다. 주님의 상에서 주님이 베푸시는 그 떡을 받아먹어야 합니다. 그것은 주님의 몸을 상징하기 때문입니다. 그리하여 십자가에서 자신들의 죄를 대속하기 위해 죽으신 그 몸에 참여함으로 백성들은 그와 연합하게 되었고 영생을 누리게 됩니다.

너희가 다 이것을 마시라

떡을 주신 주님은 포도주도 제자들에게 주셨습니다. "너희가 다 이것을 마시라 이것은 죄 사함을 얻게 하려고 많은 사람을 위하여 흘리는 바 나의 피 곧 언약의 피니라"(27~28절). 우리가 함께 마시는 포도주 잔은 주님께서 십자가에서 죽으시며 흘리신 피를 의미합니다. 그 피는 "죄 사함을 얻게"하는 피입니다. 모형과 그림자로 행해지던 피 뿌림이 예수님께서 십자가 위에서 피 흘리심으로 자기 백성들의 죄를 사하셨습니다. 유월절 어린 양의 피는 장자인 이스라엘의 생명을 보존하는 역할을 했습니다. 피 흘림이 없은즉 사함이 없습니다(히 9:18~22).

주님께서는 의도적으로 포도주를 마시게 하셨습니다. 포도주는 나실인의 음료였습니다. 나실인은 자신에게 주어진 직무를 완전히 마치기 전에는 결코 포도주를 마시지 않았습니다. 포도주만 아니라 포도나무에서 난 것은 아무것도 먹지 않았습니다(민 6:2~4). 그러나 나실인이 자기 직무를 모두 마친 후에는 포도주를 마실 수 있었습니다(민 6:20). 바로 이 규례를 따라 예수님께서도 떡과 포도주를 나눈 후에 "내가 포도나무에서 난 것을 이제부터 내 아버지의 나라에서 새것으로 너희와 함께 마시는 날까지 마시지 아니하리라"라고 하셨습니다(29절). 그러니 우리가 주님의 잔에 참여할 때마다 그분이 완성하신 죄 사함의 은혜를 기억합니다.

주님께서는 포도주를 "언약의 피"라고 하셨습니다. 이는 출애굽기 24:8의 인용입니다. 시내 산에 이른 이스라엘이 제사장 나라와 거룩한 백성이 되기 위해 하나님과 맺은 언약에 충성할 것을 선언하는 표입니다. 결과적으로 언약 백성들은 그 언약에 신실하지 못했지만 우리 주님이 대신 그 언약에 신실하셨습니다. 예수님께서는 아버지의 뜻을 따라 십자가를 지시고 피 흘림으로 언약의 저주를 복으로 바꾸셨습니다.

그래서 포도주는 언약의 복과 새 시대의 출현을 확증하는 표입니다(욜 2:22~24; 미 4:1~4; 슥 3:10; 말 3:11; 요2:1~11). 포도나무에 열매가 풍성하고 포도주를 마음껏 마시며 즐기는 일은 승리의 날이요, 잔치하는 날임을 증거합니다. 예수님께서 십자가 위에서 죽으심으로 사단의 권세를 무너뜨리고 승리하셨습니다. 포도주는 죄 사함의 은혜를 통과하여 승리의 날을 기념하는 데까지 나아가게 만듭니다.

성찬은 주님이 베푸신 만찬입니다. 이 만찬에 믿음으로 참여하는 자들은 영적으로 십자가의 그리스도와 그분의 죽음이 주는 모든 은덕들을 받고 먹습니다(신앙고백서 29:7). "이때 그리스도의 몸과 피는 빵과 포도주 안이나 그것들과 더불어 또는 그것들 아래에 몸으로나 육적으로 임재하지 않는다. 오히려 그리스도의 몸과 피는 그 규례 안에서 실재(實在)로, 그러나 영적으로 신자들의 믿음에 임한다"(신앙고백서 29:7).

| 함께 생각할 문제

1. 예수님께서 제정하신 성찬의 의미를 유월절과 연결하여 설명해 봅시다.

2. 예수님께서 성찬 제정 시 '하나의 떡'을 '떼어'주신 의미를 설명해 봅시다.

3. 성찬 제정 시 베푸신 포도주의 다양한 의미는 무엇입니까?

4. 주님께서는 포도주를 "언약의 피"라고 하셨습니다. 이렇게 말씀 하신 이유가 무엇입니까?

5. 성찬에 참여하는 자신의 모습을 되돌아 보고 교회의 한 가족 됨 을 누리고 있는지 나누어 봅시다.

22

순결한 교회를 위하여!

마태복음 18:15~20 | 고백서 30장 교회 권징

30장 교회 권징

30.1 주 예수님께서는 자기 교회의 임금이시요 머리로서 국가공직자와는
구별하여 교회 직원들의 손에 치리를 맡기셨다.

30.2 이 직원들에게 천국의 열쇠를 맡기셨는데, 그들은 이 열쇠로써 정죄
하기도 하고 사죄할 수도 있으며, 회개하지 않는 자에게 말씀과 권
징으로 천국을 닫고, 회개한 죄인에게는 필요에 따라 복음의 사역
과, 권징의 해벌로 천국을 열어 줄 권한을 가진다.

30.3 교회의 권징은, 과오를 범한 형제를 교정하여 다시 얻기 위함이며,
다른 이들이 같은 과오를 범하지 않도록 방지하며, 누룩이 온 덩어
리에 퍼지지 않도록 제거하며, 그리스도의 명예와 복음에 대한 거룩
한 고백을 옹호하며, 또 하나님의 언약과 그 언약의 인(印)들을 사
악하고 완악한 범죄자들이 더럽히도록 교회가 방치할 때, 교회에 임
할 하나님의 진노를 막기 위하여 필요하다.

22 순결한 교회를 위하여!

마태복음 18:15~20 | 고백서 30장 교회 권징

권징이 사라진 교회

칼빈 선생은 권징을 몸의 지체들을 서로 결합시켜 주는 근육이라 했습니다. 그래서 권징을 폐지하거나 그 회복을 막으려고 하는 사람들은 결국 교회를 해체시키는데 이바지하게 된다고 했습니다. 그러면서 칼빈은 권징의 목적을 다음 세 가지로 정리했습니다. "첫째, 추악하고 부끄러운 생활을 하는 자들에게서 그리스도인이라는 이름을 빼앗으려는 것이다. 둘째, 악한 사람들과 항상 교제함으로써 선한 사람들이 타락하는 일이 없도록 하려는 것이다. 셋째, 죄를 범하여 부끄러움 가운데 있는 자들로 하여금 회개하기 시작하도록 만들려는 것이다"(『기독교 강요』, 4권 12장 5절).

한국 교회는 이러한 권징에 철저한 역사를 가졌습니다. 장로교 선교사들이 복음을 전하고 신사참배를 가결한 시기까지 한국의 장로교회들은 비교적 권징을 바르게 시행했습니다. 주일을 지키지 않거나 예배에 자주 빠지는 사람들, 불신결혼과 혼전에 이루어진 남녀 간의 합당치 않은 관계, 술 취하거나 흡연, 빚을 갚지 않거나 남의 재산에 피해를 입히는 행위들, 첩을 두거나 비윤리적인 행동과 같은 일들에 철저하게 권징을 행했습니다.

그러나 1938년 장로교 총회가 신사참배를 합법적이라 결정한 후부터 교회는 점차 권징을 행하지 않게 됩니다. 나라가 해방되고, 우리 고신교회는 신사를 섬긴 우상숭배자들로부터 축출된 성도들이 중심이 되어 세워진 교회입니다. 그러니 신사참배에 반대한 그 놀라운 순교신앙과 신앙의 정절이 교회 구성원들의 삶 속에 녹아 있어야 합니다. 당회록이 권징록으로 불리던 시기가 있었습니다. 하지만 이러한 전통은 점차 사라지고 희미해졌습니다. 권징이 사라지고 있습니다. 이는 교회의 순결이 사라져가고 있음을 의미합니다.

죄를 범한 형제를 위하여

우리 예수님께서는 사도들에게 권징의 원리와 절차를 가르치셨습니다. 그리하여 교회가 권징을 통하여 순결을 지킬 수 있도록 좋은 길을 제시하셨습니다. 마태복음 18장은 예수님께서 권징에 대해 가르친 가장 중요한 본문 중 하나입니다. 그 내용을 간략히 정리하면, 어떤 형제가 범죄하면 일대일로 상대하여 권고하고, 듣지 않으면 한두 사람의 증인을 데려가 권고하고, 그래도 듣지 않으면 교회에 말하여 돌이키게 하라고 합니다. 그래서 그 사람이 돌이키면 형제를 얻는 것이지만 그 형제가 듣지 않으면 출교하여 이방인과 세리처럼 여기라고 했습니다.

이러한 주님의 가르침은 오늘의 교회 공동체에 매우 중요한 가르침을 줍니다. 본문에서 권징은 세 단계의 절차가 있음을 말합니다. 먼저는 당사자 간의 권고가 있고, 이어서 두세 사람의 증인을 데려가 말마다 확증하는 단계가 있습니다. 그리고 마지막으로 교회에 말하고 교회의 말도 듣지 않으면 출교하라고 했습니다. 이 세 단계는 권징의 원리이면서 우리 신앙생활의 매우 중요한 지침이 됩니다. 이제 그 내용을 하나씩 정리해 봅시다.

첫 번째 단계는 형제가 범죄할 때 "가서 너와 그 사람과만 상대하여 권고하라"고 했습니다(15절). '권고하다'라는 말씀은

'훈계하다', '죄를 깨닫게 하다'는 뜻입니다. 이 가르침은 레위기 19:17의 인용입니다. "너는 네 형제를 마음으로 미워하지 말며 네 이웃을 반드시 견책하라 그러면 네가 그에 대하여 죄를 담당하지 아니하리라." 레위기 19장은 범죄한 형제를 견책하는 일이 선택사항이 아님을 분명히 합니다. 곧 해도 되고, 하지 않아도 되는 성질의 것이 아니라 반드시 해야 할 일임을 강조합니다. 그래서 "네가 그에 대하여 죄를 담당하지 아니하리라"고 덧붙였습니다. 만약 형제의 범죄를 보고 가만히 있으면 그것 때문에 죄를 담당할 것을 말씀하셨습니다.

형제의 범죄에 대하여 "가서 너와 그 사람과만 상대하여 권고하라"는 말씀은 우리의 교회 생활이 얼마나 질서정연해야 하는지를 가르칩니다. 성도들이 함께 어울려 교회 생활을 하다 보면 서로 마음이 상하거나 성경의 원리에서 벗어난 행동이나, 말을 하는 경우를 종종 경험합니다. 그때, 우리는 그것을 다른 사람에게 소문을 내거나 험담을 합니다. 이러한 행동은 이 가르침에 정면으로 위배됩니다. 문제를 해결하는 첫 번째 방식은 '당사자 간에 대면하여' 해결해야 합니다. 다른 사람에게 형제를 험담하거나 그 형제의 단점을 말해서는 안 됩니다. 곧 수군수군하는 죄를 짓지 말아야 합니다.

두 번째 단계는 한두 사람의 증인을 데려가 권고하는 것입니다. 이때의 증인은 형제가 범죄한 사실에 대한 증인이 아닙니다. 이 증인은 권고에 대한 증인입니다. 곧 형제의 잘못에 대해 한 번 권고하는 것으로 끝나지 않고 우리 주님의 사랑을 따라 사랑과 용서의 마음으로 형제를 돌이키는 일에 최선을 다하는, 바로 그 일에 대한 증인입니다. 이 증인들은 최초의 권면자가 나중에 교회의 당회에 말할 때에 형제를 구하기 위해 얼마나 수고하고 사랑했는지를 증거할 자들입니다(참고. 신 19:15~20).

이 두 번째 단계는 권고를 통한 형제에 대한 사랑과 인내를 잘 보여줍니다. 교회는 그리스도의 몸이기에 한 형제를 얻기 위하여 우리가 얼마나 인내하며 수고해야 하는지를 잘 깨닫게 합니다. 예수님께서는 십자가를 지기 전, 베드로에게 닭 울기 전 나를 세 번 부인할 것을 말씀하셨습니다. 또한 제자들이 뿔뿔이 흩어질 것도 말씀하셨습니다. 그 말씀대로 베드로는 주님을 부인했고, 제자들은 모두 도망갔습니다(마 26:56,75). 그럼에도 불구하고 부활하신 주님은 제자들을 끝까지 사랑하셨고, 그들의 허물을 용서하셨으며, 바로 그들에게 주님의 양 무리를 맡기셨습니다(요 21장 참고). 우리는 이 예수님의 가르침을 따라 형제가 죄에서 돌이킬 수 있도록 끝까지 그들을 권고함으로 사랑의 표를 보여야 합니다.

첫 번째 단계와 두 번째 단계는 교회의 공적 기관인 당회가 행하는 일이 아니라 성도 상호 간에 이루어집니다. 그러므로 교회의 지체들이 상호 견책하는 권면은 권징의 중요한 한 측면입니다. 성도 상호 간에 이러한 견책을 통하여 교회의 순결이 유지되며, 아름답고 건강한 교회가 세워집니다(참고. 갈 6:1~2; 히 10:24; 약 5:16).

이제 마지막 단계는 "교회에 말하고 교회의 말도 듣지 않거든 이방인과 세리와 같이 여기라"는 것입니다. '교회에 말하고'라는 말씀은 본문 20절의 "두세 사람이 내 이름으로 모인 곳에는 나도 그들 중에 있느니라"는 말씀과 연결됩니다. 특별히 '두세 사람'은 교회의 열쇠 권한을 가진 당회로 이해할 수 있습니다. 그래서 17절의 '교회에 말하고'라는 말씀도 치리 기관인 당회를 의미합니다. 고백서는 권징의 권한이 "국가공직자와는 구별하여 교회 직원들의 손에 치리를 맡기셨다."라고 했습니다(신앙고백서 30:1).

당회는 범죄한 성도가 그 범죄로부터 떠나 하나님의 자녀다운 삶을 누리도록 만들 의무를 가졌습니다. 당회는 범죄한 성도로 하여금 주님의 인내와 사랑을 따라 여러 차례 권하고 책선하여 바른 성도의 모습을 지니도록 해야 합니다. 이를 통해 교회는 순결을 유지하여 예수님의 신부로 살게 됩니다. 그래서 우리 고백서는 권징에 대해 다음과 같이 가르칩니다.

"교회의 권징은, 과오를 범한 형제를 교정하여 다시 얻기 위함이며, 다른 이들이 같은 과오를 범하지 않도록 방지하며, 누룩이 온 덩어리에 퍼지지 않도록 제거하며, 그리스도의 명예와 복음에 대한 거룩한 고백을 옹호하며, 또 하나님의 언약과 그 언약의 인(印)들을 사악하고 완악한 범죄자들이 더럽히도록 교회가 방치할 때, 교회에 임할 하나님의 진노를 막기 위하여 필요하다"(신앙고백서 30:3).

땅과 하늘이 하나되어 교회를 향기나는 화원으로 바꾸는 권징

예수님께서는 베드로의 신앙고백을 들으시고 "내가 이 반석 위에 내 교회를 세우리니"라고 하셨습니다(마 16:18). 이어 천국 열쇠를 사도 베드로에게 주실 것을 말씀하시고, 매고 푸는 것에 대해 말씀하셨습니다. '매고', '푸는' 것에 대한 가르침이 오늘 본문에서 다시 반복해서 나타납니다. "진실로 너희에게 이르노니 무엇이든지 너희가 땅에서 매면 하늘에서도 매일 것이요 무엇이든지 땅에서 풀면 하늘에서도 풀리라"(18절). 마태복음 18장의 문맥에서 '매고 푸는 것'은 범죄한 형제에 대한 개인적인 견책과 당회의 권고와 시벌 및 해벌로 구성됩니다.

그리고 권징의 의미를 매우 분명하게 가르칩니다. 땅에서 이루어지는 성도 상호 간의 말씀의 권고와 치리 기관의 시벌과 해벌은 하늘에서도 동일한 결과를 이루는 효력을 발휘합니다. 이러한 권징의 본질은 삼위 하나님께서 자기 백성인 교회를 다스리는 표입니다. 하나님께서 직접 교회를 다스릴 수 있습니다. 그러나 그렇게 하시지 않으시고 사람들을 통하여 다스리시기를 좋아하십니다. 성도들의 상호견책은 하나님께서 우리를 다스리고 계시다는 것을 드러내어야 합니다. 또한 치리기관(당회 혹은 노회)의 시벌과 해벌은 목자장 되시는 예수님의 다스림을 드러내는 현장입니다.

그래서 고백서는 직분자들(목사와 장로)의 열쇠 사용이 갖는 의미를 가르치길, "그들은 이 열쇠로써 정죄하기도 하고 사죄할 수도 있으며, 회개하지 않는 자에게 말씀과 권징으로 천국을 닫고, 회개한 죄인에게는 필요에 따라 복음의 사역과, 권징의 해벌로 천국을 열어 줄 권한을 가진다."라고 했습니다(신앙고백서 30:2). 시편 저자는 "하나님은 신들의 모임 가운데에 서시며 하나님은 그들 가운데에서 재판하시느니라"라고 하였습니다(시 82:1). 성도 상호 간의 견책과 치리 기관의 권징은 하늘의 하나님께서 하나님의 회(會) 가운데 서서 재판하시는 현장입니다. 그로 인해 교회에는 거짓 복음이 들어올 수 없고, 악한 죄가 물러납니다. 더불어 교회는 선하시고 자비하신 하나님의 은혜의 향기만이 넘치는 화원이 됩니다.

1. 칼빈은 권징의 목적 세 가지를 무엇이라 정리했습니까?

2. 한국 교회는 어떤 사건으로 권징을 점차 행하지 않게 되었습니까?

3. 권징의 절차 세 단계는 무엇이며, 권징이 제대로 시행되지 않을 때의 결과는 무엇입니까?

4. 마태복음 18장 18절의 말씀을 통해서 알 수 있는 권징의 의미와 본질은 무엇입니까?

—— 23 ——

교회를 지키는 공회의

사도행전 15:1~29 | 고백서 31장 대회와 공회의

31장 대회와 공회의

31.1 보다 나은 치리와 교회를 더 잘 세우기 위하여 일반적으로 대회 또는 공회의라고 불리는 회의가 있어야 한다. 개체 교회의 감독자와 다른 직분자들은 파괴가 아니라 교회를 세우도록 그리스도께서 그들에게 주신 그들의 직무와 권세에 의해 이런 회의를 소집하고, 교회의 유익을 위하여 마땅하다고 판단될 때마다 회의에 참석하여야 한다.

31.2 대회와 공회의의 직무는 다음과 같다. 즉 믿음에 관한 논쟁을 판단하며, 하나님께 드리는 공예배와 교회의 치리를 더 잘 정비하는 데에 필요한 법칙과 지침을 제정하고, 행정 오류에 대한 불평들을 접수하여 권위 있게 재판한다. 법령과 결정 사항은 하나님의 말씀에 부합하는 한, 존경과 복종의 자세로 받아야 하는데, 이것들이 말씀과 합치되기 때문만이 아니라 그것들을 결정한 권세 연고로도 하나님의 규례 곧 말씀으로 그렇게 정한 규례로 받아야 한다.

23 교회를 지키는 공회의
사도행전 15:1~29 | 고백서 31장 대회와 공회의

성도들의 시선에서 멀어진 공회의

에베소교회의 목회자였던 디모데는 "장로의 회"에서 안수를 받았습니다(딤전 4:14). 장로의 회는 바로 장로들의 모임입니다. 사도 바울은 디모데전서 5:17에서 두 종류의 장로를 언급하는데, 가르치는 장로와 다스리는 장로입니다. 가르치는 장로를 목사로 이해하며, 다스리는 장로를 '치리장로'로 이해합니다. 그래서 목사와 장로들의 회를 다르게 '장로의 회'라 합니다. 이 말에서 장로교회 혹은 장로회주의 정치원리라는 용어가 생겼습니다.

신약성경이 장로들의 회에 대하여 아주 중요한 가르침을 제공하는 데 반하여 오늘날 지역교회 성도들에게 장로들의 회, 곧 공회는 어떻게 비춰질까요? 우리 고신교회의 공회는 지역교회 성도들의 삶과 신앙에 어떤 의미를 가질까요? 쉽게 결과를 말할 수는 없겠지만, 개인적인 소견으로는 그리 가깝지 않은 느낌입니다. 예를 들어, 제 66회 총회는 인터콥과의 교류 관계를 정리할 것을 결의했습니다. 하지만 이 결의가 모든 지역교회의 지체들에게 엄중히 받아들여지고 존중되는지 의문이 듭니다.

공회에 대한 무관심과 폄훼는 단시간에 이루어지지 않습니다. 여기에는 매우 다양한 요인과 영향들이 상존합니다. 그러니 한 마디로 이 현상을 규명하는 일은 쉽지 않습니다. 현대인들의 이러한 공회에 대한 태도와는 다르게 교회역사는 공회의가 얼마나 중요한지를 잘 보여줍니다. 사실 공회는 유구한 역사를 가졌습니다. 특별히 고대 교회의 공회의는 우리 신앙의 요체를 다듬은 주체였습니다. 그 찬란한 영광을 아무리 칭송해도 과하지 않습니다. 니케아 회의(325년)부터 칼케돈 회의(451년)까지, 교회는 삼위일체 신앙을 확립했습니다. 대부분의 장로교회가 고백하는 웨스트민스터 신앙고백서가 작성된 웨스트민스터 회의(1643~1649년)는 우리 고신교회의 신앙의 근간입니다. 이러한 교회회의의 기원은 성경으로부터 왔습니다. 이제 우리는 교회 회의의 기원이라 할 수 있는 내용을 구체적으로 살피겠습니다.

안디옥교회에 닥친 어려움

스데반의 죽음 이후에 예루살렘에 있던 성도들이 로마 전역으로 흩어졌습니다. 그중 일부가 안디옥으로 갔습니다. 안디옥에 간 성도들이 복음을 전하여 교회를 세웠는데, 그 교회가 바로 안디옥교회입니다. 안디옥에 교회가 세워졌다는 소식을 들은 예루살렘교회는 말씀을 가르칠 사역자를 파송합니다. 그때 파송 받은 사람이 바나바입니다(행 11:19~24). 바나바는 예루살렘교회의 파송으로 안디옥교회를 목양하는 중에 다소로 올라가 사울을 불러 함께 안디옥에서 사역했습니다(행 11:25~26).

이렇게 시작된 안디옥교회는 성령님의 인도로 바나바와 사울(혹은 바울)을 복음전파자로 파송하여 로마 방방곡곡에 교회를 세웠습니다. 구브로 섬에서 비시디아의 안디옥, 이고니온, 루스드라, 더베까지 가서 교회를 세웠습니다. 이렇게 교회를 세우고 돌아온 바울과 바나바가 안디옥교회를 다시 섬길 때에 큰 어려움이 닥쳤습니다. 어떤 사람들이 유대로부터 왔습니다. 그 사람들은 할례를 받지 않으면 구원을 받을 수 없다는 주장을 했습니다. 이 사람들과 안디옥교회의 목회자인 바울과 바나바 사이에 다툼과 변론이 일어났습니다(1~2절).

바울과 바나바로 더불어 격론을 한 사람들은 유대로부터 왔습니다. 바나바도 유대의 한 도시 예루살렘에서 왔습니다. 안디옥교회의 지체들은 혼란에 빠졌습니다. 바나바와 같은 유대 출신들이 바나바와는 전혀 다른 말씀을 전하였기 때문에 교회의 혼란은 충격적이었습니다. 사실, 유대로부터 온 사람들은 예루살렘의 사도들과는 아무런 관련이 없는 자들이었습니다. 그들은 사도들의 천거도 없이 안디옥으로 가서 성도들을 혼란스럽게 했습니다(24절). 유대주의자들인 이들이 전한 내용은 더 큰 문제였습니다. 믿음으로 구원을 얻는 것이 아니라 모세의 법대로 할례를 받아야 구원을 얻을 수 있다고 했습니다. 구원의 문제는 결코 가벼운 사안이 아닙니다. 이것은 교회의 터가 흔들리는 심각한 문제입니다. 어떤 면에서 할례는 문제의 요약입니다. 구약 율법 전반에 대한 이해와 구원과의 관계가 안디옥교회에 직면한 문제의 핵심입니다.

예루살렘에서 회집된 교회 회의

안디옥교회는 이 어려운 문제를 해결할 방도를 찾았습니다. 안디옥교회는 이 문제를 예루살렘에 있는 사도들과 장로들에게 문의하기로 결의했습니다. 바울과 바나바를 포함하여 몇 사람의 대표를 뽑아 예루살렘으로 보냈습니다. 바울과 바나바는 안디옥교회의 사절단이 되어 예루살렘을 방문했고, 이 문제를 사도들과 장로들에게 내어 놓았습니다. 드디어 사도와 장로들이 이 문제를 의논하기 위해 모였습니다. 우리가 흔히 말하는 예루살렘 공의회가 회집되었습니다.

공의회는 장시간 문제를 살폈습니다. 그리고 사도 베드로가 마지막으로 자신의 의견을 밝힙니다. '하나님께서 나를 부르셔서 이방인들에게 복음을 전하게 했습니다. 그들도 믿음으로 구원을 얻었습니다. 그뿐만 아니라 우리가 성령을 받은 것처럼 그들도 같은 성령님을 받았습니다. 믿음으로 이방인들의 마음을 하나님께서 깨끗하게 하셨는데, 우리도 메지 않는 멍에를 저들의 목에 두겠습니까? 저들도 우리와 같이 믿음으로 구원 얻는 것을 저는 믿습니다(7~11절 참고).' 사도 베드로는 일찍이 이방인 고넬료의 집이 복음을 깨달아 구원을 얻는 모든 과정을 지켜본 증인입니다. 그래서 이와 같은 주장을 힘 있게 했습니다.

베드로가 욥바에서 기도 중에 하나님의 계시를 받았습니다. 하늘로부터 큰 보자기 같은 것이 내려왔는데, 그 보자기에는 네 발 가진 짐승과 기는 것과 새들이 있었고, 그것을 잡아먹으라는 소리가 있었습니다. 베드로는 구약의 규례를 따라 부정한 것을 먹을 수 없다고 했지만 하늘에서는 그것들을 먹으라는 명령이 내렸습니다. 그 일이 세 번 반복되었고, 곧이어 가이사랴에서 사람들이 와서 베드로를 만나게 되었습니다. 가이

사랴에 가자 고넬료의 모든 집이 베드로를 기다리고 있었습니다. 고넬료의 집에서 베드로는 복음을 전했고, 놀라운 광경을 목격했습니다. 이방인 고넬료의 집사람들에게 베드로 자신이 오순절에 받은 성령님께서 똑같이 내리는 것을 목격했습니다. 베드로와 함께 동석한 할례 받은 신자들이 이방인들에게도 성령이 부어지는 것을 보고 놀랐습니다. 이방인과 유대인이 모두 한 믿음으로 한 성령을 받아 한 백성이 되었습니다(참고. 행 10:44~48, 11:15~18).

이와 같은 베드로의 경험 때문에 - 사실 이것은 하나님의 계시였습니다 - 이방인들도 언약 백성들과 같이 믿음으로 구원을 얻으며, 그 증거로 성령님을 선물로 받은 사실을 주장했습니다. 베드로가 말을 마치자 야고보가 마지막으로 정리의 말을 합니다. 베드로가 말한 내용과 구약 선지자의 예언이 일치하기 때문에 이방 지역에 세워진 교회의 성도들에게 다른 짐을 지우지 않는 것이 좋겠다고 하였습니다. 결국 사도와 장로들이 모인 예루살렘 공회는 율법과 구원에 관한 논쟁을 판단하여 결론을 내리고, 이방 지역의 교회에게 그 사실을 편지로 - 이것은 공적 문서입니다 - 그 내용을 알립니다. 우리 신앙고백서는 이와 관련하여 말하길, "대회와 공회의 직무는 다음과 같다. 즉 믿음에 관한 논쟁을 판단하며"라고 했습니다 (신앙고백서 31:2).

회의를 통해 확증된 하나님의 뜻

야고보는 아모스 9:11~12을 인용하면서 결론을 맺습니다. "이 후에 내가 돌아와서 다윗의 무너진 장막을 다시 지으며 또 그 허물어진 것을 다시 지어 일으키리니 이는 그 남은 사람들과 내 이름으로 일컬음을 받는 모든 이방인들로 주를 찾게 하려 함이라 하셨으니"(16~17절). 아모스 9장은 다윗 왕국의 회복을 예언했습니다. "다윗의 무너진 장막을 다시 지으며", "그 남은 사람들과 … 중략 … 모든 이방인들로 주를 찾게 하려 함이라" 이러한 표현들을 통해 우리는 아모스가 새로운 하나님의 왕국이 출현할 것을 예언한 것으로 이해합니다.

실제로 예수님께서는 다윗의 후손으로 오셨고(마 1:1,20; 눅 1:27, 2:4,11), 다윗 왕과 같이 자기 백성들에게 해방을 선언하셨습니다. 물론, 다윗 왕은 전쟁을 통하여 대적들을 물리쳤지만 예수님께서는 원수 사단의 권세를 꺾으시고 그 권세 아래 있던 자기 백성들에게 구원을 선포하셨습니다(마 9:27~31, 12:22~23; 눅 18:38~43). 이는 하나님 나라의 대적이 사단임을 분명히 보여준 것입니다. 예수님께서는 자신의 죽음과 부활을 통하여 사단에 대한 완벽한 승리를 쟁취하셨습니다. 그래서 베드로는 주님의 죽으심과 부활을 증거하면서 하나님께서 사망의 고통을 풀어 살리셨다고 했고, 다윗의 시편을 인용하여 주님의 부활이 원수를 물리친 것으로 해설했습니다(행 2:22~36).

모든 것이 명료해졌습니다. 예루살렘에 모인 사도와 장로들 곧 예루살렘 공의회는 이방 지역에 세워진 교회를 위해 그들의 결정을 알리기로 결의했습니다. 이방인으로서 그리스도인이 된 이들에게는 우상의 제물과 피와 목매어 죽인 것과 음행을 멀리할 것만 부탁하였습니다(20,29절). 그리고 그러한 결정을 대표자들을 파송하여 알렸습니다. 유다와 실라는 이방인 형제들에게 예루살렘 회의의 내용을 알리는 직무를 맡게 되었습니다(22절).

이렇듯 교회회의는 전 세계의 보편 교회가 한 믿음 안에 있음과 한 복음으로 한 형제가 되었음을 고백합니다. 바로 이러한 측면에서 우리 고백서의 다음과 같은 고백은 대단히 성경적입니다. "보다 나은 치리와 교회를 더 잘 세우기 위하여 일반적으로 대회 또는 공회의라고 불리는 회의가 있어야 한다. 개체 교회의 감독자와 다른 직분자들은 파괴가 아니라 교회를 세우도록 그리스도께서 그들에게 주신 그들의 직무와 권세에 의해 회의를 소집하고, 교회의 유익을 위하여 마땅하다고 판단될 때마다 회의에 참석하여야 한다"(신앙고백서 31:1).

1. 교회 역사 가운데 있었던 중요한 공회의들은 무엇이며, 교회는 어떤 유익을 얻었습니까?

2. 안디옥 교회에는 어떤 어려움이 있었습니까?

3. 예루살렘 공회의는 안디옥교회의 문제에 대해 어떤 결정을 내렸으며 이방 지역의 교회를 보호하기 위해 어떤 조치를 취하였습니까?

4. 신앙고백서 31장 1절을 통해서 알 수 있는 교회 회의의 중요성을 설명해봅시다.

5. 오늘날 지역교회 성도들에게 장로들의 회, 곧 공회(총회, 노회)는 어떻게 비춰지고 있나요? 함께 나누어봅시다.

24

죽은 자들의 부활과 마지막 심판

고린도전서 15:35~58 |

고백서 32장 사람의 사후 상태와 죽은 자들의 부활, 33장 마지막 심판

32장 사람의 사후 상태와 죽은 자들의 부활,
33장 마지막 심판

32.3 불의한 자들의 몸은 그리스도에 의해 다시 살아 치욕을 당하며, 의인들의 몸은 그리스도의 성령께서 다시 살리셔서 존귀하게 된다. 그리하여 그리스도의 영광스러운 몸과 같아진다.

33.1 하나님께서는 예수 그리스도께서 의로 세상을 심판하실 날을 정하시고, 그분은 아버지로부터 모든 권세와 심판권을 받으셨다. 그날에, 배도한 천사들이 심판을 받을 뿐 아니라, 땅 위에 생존했던 만민이 그리스도의 심판대 앞에 나아가서 그들의 생각과 말과 행동을 직고하며, 선이든 악이든 그들이 몸으로 행한 바를 따라 보응을 받을 것이다.

33.3 그리스도께서는, 만인을 죄에서 떠나게 하실 뿐만 아니라 역경에 처한 신자들을 더 크게 위로하실 목적으로도 심판날이 있다는 사실을 우리가 확실하게 납득하게 하셨듯이, 또한 그날을 만인에게 감추어 두시어 주님께서 오실 시점을 알지 못하기 때문에, 그들이 모든 육신적 안심을 떨쳐버리고 항상 깨어서 "아멘 주 예수님 오시옵소서, 속히 오시옵소서"를 외칠 준비를 항상 하게 하신다.

24 죽은 자들의 부활과 마지막 심판

고린도전서 15:35~58 |
고백서 32장 사람의 사후 상태와 죽은 자들의 부활, 33장 마지막 심판

부활을 부인하는 자들

고린도교회는 결함이 많은 교회였습니다. 교회의 하나 됨을
지키지 못하고 분파를 형성하여 그리스도의 몸을 찢는 죄 가
운데 있었습니다(고전 1:10~12). 음행한 자를 징계하지 않음으로 교
회의 순결은 빛을 잃었습니다(고전 5:1~2). 다양한 은사를 가졌지
만 그 은사를 질서 있게 사용하지 못함으로 교회가 화평치 못
했습니다(고전 12~14장). 심지어 다른 복음을 전하는 거짓 선생들
이 교회를 혼란스럽게도 했습니다(고후 11장). 그중에 죽은 자의
부활을 부인하는 자들의 공격도 교회가 어려움에 처한 한 원

인이었습니다.

　부활을 부인하는 일은 1세기 당시 유대 사회에서 그리 이상한 일은 아닙니다. 사실, 유대인들 중에 사두개인들은 부활을 믿지 않는 사람들입니다. 사두개인들은 예수님과 부활 문제를 두고 논쟁을 벌이기도 했습니다(막 12:18~27). 그때 예수님께서는 "사람이 죽은 자 가운데서 살아날 때에는 장가도 아니 가고 시집도 아니 가고 하늘에 있는 천사들과 같으니라"고 답변하셨습니다(막 12:25). 사도 바울 역시 로마로 호송되기 전, 이 문제로 어려움을 극복한 경험이 있습니다. 곧 예루살렘 공회로부터 심문을 받으면서 부활에 대한 자신의 입장을 피력함으로 바리새인과 사두개인 사이에 다툼을 일으켰습니다(행 23:1~10).

　고린도교회 안에도 부활을 믿지 못하는 사람들이 있었습니다. 이들이 사두개인의 영향을 받았는지, 이방인들의 영향을 받았는지 정확하지 않습니다. 어찌 되었든지 고린도교회의 성도들 중에 부활이 없다고 믿는 이들이 있었습니다. 그래서 바울은 고린도전서 15:12에서 이렇게 말합니다. "그리스도께서 죽은 자 가운데서 다시 살아나셨다 전파되었거늘 너희 중에서 어떤 사람들은 어찌하여 죽은 자 가운데서 부활이 없다 하느냐." 사도들이 선포한 복음의 핵심이 그리스도의 부활입니다. 그럼에도 불구하고 교회 안에 부활을 믿지 않는 자가 있었다는 것은 충격입니다. 그만큼 고린도교회는 연약할 뿐만 아니라 심각한 결함을 가졌습니다.

부활의 확실성과 영광스러움에 대한 사도의 가르침

결국 사도는 자신이 선포한 복음과 부활의 관계를 자세히 설명합니다. 주님께서 성경대로 죽으셨고 성경대로 살아나셨다고 했습니다. 또한 부활한 주님을 여러 사람들이 보았고, 그 증인 중에 마지막 사람이 자신임을 분명히 합니다(고전 15:3~8). 이어 바울은 부활이 없으면 그리스도의 부활도 없고, 사도들이 전한 복음도 헛것이며, 믿음도 헛것이요, 사도들은 거짓 증인이 됨을 말합니다. 그런 후에 사도는 부활이 얼마나 확실한지를 천명합니다. "아담 안에서 모든 사람이 죽은 것 같이 그리스도 안에서 모든 사람이 삶을 얻으리라 그러나 각각 자기 차례대로 되리니 먼저는 첫 열매인 그리스도요 다음에는 그가 강림하실 때에 그리스도에게 속한 자요 그 후에는 마지막이니 그가 모든 통치와 모든 권세와 능력을 멸하시고 나라를 아버지 하나님께 바칠 때라"(고전 15:22~24).

죽은 자의 부활이 분명하다면 매우 자연스럽게 다음 질문으로 이어집니다. 어떤 모습으로 부활하는가? 그래서 35절이 이렇게 말합니다.

"누가 묻기를 죽은 자들이 어떻게 다시 살아나며 어떠한 몸으로 오느냐 하리니." 아기 때 죽은 사람은 아기의 모습으로 살아납니까? 질병 때문에 흉한 모습으로 죽은 이들은 마지막 흉한 그 모습으로 살아납니까? 바로 이러한 유형의 질문입니다. 그러나 사도 바울은 이런 의문에 대해 답하기보다 어떤 원리를 가르칩니다. 곧 부활한 사람의 몸의 구체적 형체에 대해 말하기보다 부활한 몸의 본질을 말합니다. 그 가르침은 하나님께서 창조하신 피조물의 모습을 통해 해설합니다. 35절에서 44절까지입니다.

식물의 씨앗을 심으면 완전히 자란 식물의 모습은 처음 씨앗과 전혀 다른 모습으로 나타납니다. 수박의 씨는 작고 검은색입니다. 다 자란 수박은 크고 초록색 바탕에 검은색 줄무늬가 있습니다. 씨가 땅에 묻혀 썩어지고 줄기가 나고 잎이 나 열매를 맺음으로 전혀 다른 모습으로 변화됩니다. 그래서 성경은 하나님께서 그 뜻대로 각각의 종자에게 형체를 주었다고 했습니다(38절). 그러니 사람과 짐승과 새와 물고기가 모두 각각의 고유한 형체를 가졌습니다.

이는 인간 역시 다른 피조물들과 동일하게 하나님의 창조로 존재하게 되었음을 의미하며, 동시에 동물과 식물들이 고유한 형체를 가졌지만 변화되는 것처럼 사람도 그리될 것을 말씀합니다. 그래서 사도 바울은 죽은 자의 부활도 이와 같다고 선언합니다(42절). 사람은 썩을 것으로 심지만 썩지 아니할 것으로 다시 살고, 욕된 것으로 심지만 영광스러운 것으로 다시 살고,

약한 것으로 심지만 강한 것으로 다시 살고, 육의 몸으로 심지만 신령한 몸으로 다시 살아납니다(42~44절).

첫 사람 아담과 마지막 아담을 통한 부활에 대한 가르침

사람이 육의 몸을 가진 것처럼 신령한 몸도 가질 것입니다. 우리는 이 신령한 몸이 구체적으로 어떤 모습인지는 정확히 알 수 없습니다. 그러나 사도 바울은 아담과 그리스도를 비교하면서 어느 정도 답을 줍니다. 아담은 흙으로 지음 받았지만 생령이 되었습니다. 하지만 그리스도는 살려주는 영이십니다. 아담을 통하여 인류는 몸, 곧 형체를 가졌습니다. 아담 이후의 모든 인류는 아담의 형체를 이어받았습니다. 사람의 형체도 식물의 첫 씨앗과 같은 모습입니다. 사람은 흙에 속한 자이기에 흙에 속한 자의 형상을 입었습니다.

첫 사람 아담은 생령이 되었는데, 영광스러운 옷으로 입기 전에 범죄했습니다. 하늘에 속한 그리스도로 옷 입을 것을 기다렸지만 실패했습니다. 선악을 알게 하는 나무 열매를 먹어 하나님의 명령을 어김으로 생명 나무 실과를 먹을 수 없었습니다. 그리하여 하나님께서는 영적으로 죽은 사람을 다시 살리실 계획을 세우셨고 그리스도를 이 땅에 보내셨습니다. 우리 주님께서는 죽은 자들을 살리기 위해 이 땅에 오셨습니다. "아버지께서 죽은 자들을 일으켜 살리심 같이 아들도 자기가 원하는 자들을 살리느니라"(요 5:21). 그리하여 예수님께서는 첫째 부활을 이 땅에 있는 자기 백성들에게 선언하셨습니다. "진실로 진실로 너희에게 이르노니 죽은 자들이 하나님의 아들의 음성을 들을 때가 오나니 곧 이 때라 듣는 자는 살아나리라"(요 5:25).

첫째 부활을 경험한 (곧 영생을 소유한) 성도는 이제 둘째 부활을 소망합니다. 마지막 아담이신 그리스도께서는 하늘에서 나셨습니다. 하늘에서 나신 그리스도와 함께 죽은 자들은 그의 부활과 같은 모양으로 연합합니다(롬 6:5). 그래서 바울은 우리가 흙에 속한 자의 형상을 입은 것 같이 또한 하늘에 속한 이의 형상을 입는다고 했습니다(49절). 또한 빌립보서 3:21에서도 같은 가르침을 주었습니다. "그는 만물을 자기에게 복종하게 하실 수 있는 자의 역사로 우리의 낮은 몸을 자기 영광의 몸의 형체와 같이 변하게 하시리라." 그래서 고백서는 "불의한 자들의 몸은 그리스도에 의해 다시 살아 치욕을 당하며, 의인들의 몸은 그리스도의 성령께서 다시 살리셔서 존귀하게 된다. 그리하여 그리스도의 영광스러운 몸과 같아진다."라고 선포합니다(신앙고백서 32:3).

사망을 삼켜버린 그리스도의 최후 승리와 성도의 삶

이제 사도 바울은 하나님의 심판에 대해 말하면서 이것을 부활과 연결합니다. 그러면서 본문 51절에서 "마지막 나팔에 순식간에 홀연히 다 변화되리니"라고 했습니다. 나팔 부는 것은 일종의 신호입니다. 구약성경에서 나팔 소리는 하나님께서 임재하시는 표이며 전쟁을 알리는 신호이고 예배의 영광스러움을 알리는 표입니다(출 19:13~19, 20:18; 레 23:24; 민 10:1~8; 수 6장; 삼하 6:15; 대상 16:4~6). 사도 바울은 이 나팔 소리가 다시 울릴 것을 말합니다. 곧 그리스도의 재림을 통하여 전쟁이 종결되며, 자기 백성들이 완전한 승리의 기쁨을 누릴 것을 말씀하셨습니다.

나팔 소리가 나면 죽은 자들이 썩지 않을 것으로 다시 살고 우리도 산다고 바울은 말합니다. 여기에서 '죽은 자들'과 '우리'가 함께 언급되었습니다. 사도는 이미 죽은 자들이나 지금 살아 있는 성도들이나 함께 살아날 것을 말합니다. 이는 사단의 권세에서 벗어난 백성들의 완전한 영광을 의미합니다. 더불어 나팔 소리가 전쟁의 신호요 주님의 강림의 표였듯이 그 전쟁에서의 완벽한 승리를 선언합니다. 사망을 삼키고 승리할 것입니다(54절). 이어 55절은 "사망아 너의 승리가 어디 있느냐 사망아 네가 쏘는 것이 어디 있느냐"고 묻습니다. 사망의 무기는 죄입니다. 그리스도께서 이 죄를 모두 제거하셨습니다. 이처럼 나팔 소리와 함께 우리 주님의 마지막 최종 심판이 이루어집니다. 그래서 고백서는 "땅 위에 생존했던 만민이 그리스도의 심판대 앞에 나아가서 그들의 생각과 말과 행동을 직고하며, 선이든 악이든 그들이 몸으로 행한 바를 따라 보응을 받을 것이다."라고 했습니다(신앙고백서 33:1).

이러한 부활 신앙을 가진 성도는 어떻게 살아야 합니까? 마지막 58절은 이것을 확실히 가르칩니다. "그러므로 내 사랑하는 형제들아 견실하며 흔들리지 말고 항상 주의 일에 더욱 힘쓰는 자들이 되라 이는 너희 수고가 주 안에서 헛되지 않은 줄 앎이라"(58절). 어떠한 고난과 어려움에도 흔들리지 않고 오직 주님의 일에만 힘쓸 수 있습니다. 부활 신앙은 성도들로 하여금 시련과 위기를 극복하도록 하는 능력입니다. 성도들은 여전히 핍박과 환난과 시련과 죄의 유혹에 영향을 받습니다. 그때 성도들은 부활 신앙으로 이 모든 어려움을 극복할 것입니다. 그리스도께서는 만인을 죄에서 떠나게 하실 뿐만 아니라 역경에 처한 신자들을 더 크게 위로하실 목적으로도 심판 날이 있다는 사실을 우리가 확실하게 납득하게 하셨습니다(신앙고백서 33:3).

1. 부활을 부인하는 것이 심각한 문제가 되는 이유를 설명해봅시다.

2. 사도바울은 부활의 모습이 어떠하다고 설명합니까?

3. 성도들이 어떠한 고난에도 불구하고 오직 주님의 일에만 힘쓸 수 있는 이유는 무엇입니까?

4. 자신의 삶 속에 부활신앙의 모습이 있는지 나누어봅시다.

성구색인